中等职业学校汽车运用与维修专业新课程教学用书

Qiche Zidong Biansuqi Weixiu Gongzuoye

汽车自动变速器维修工作页

（第3版）

巫兴宏　齐忠志　主编

内 容 提 要

本书的目的是培养汽车维修专业学生胜任汽车售后服务企业中自动变速器维修工作的能力。全书由5个学习任务组成，即自动变速器的正确使用和基本检查、液力变矩器的检修、机械传动系统的检修、液压控制系统的检修和电子控制系统的检修。

本书既可作为职业院校汽车运用与维修专业学生的教学用书，也可以作为职业技能培训和其他从事相关专业人员的参考书。

图书在版编目(CIP)数据

汽车自动变速器维修工作页/巫兴宏,齐忠志主编. —3版. —北京：人民交通出版社股份有限公司,2020.1
ISBN 978-7-114-16087-5

Ⅰ.①汽… Ⅱ.①巫… ②齐… Ⅲ.①汽车—自动变速装置—车辆修理—中等专业学校—教学参考资料 Ⅳ.①U472.41

中国版本图书馆CIP数据核字(2019)第279101号

书　　名：	汽车自动变速器维修工作页(第3版)
著 作 者：	巫兴宏　齐忠志
责任编辑：	李　良
责任校对：	张　贺　宋佳时
责任印制：	张　凯
出版发行：	人民交通出版社股份有限公司
地　　址：	(100011)北京市朝阳区安定门外外馆斜街3号
网　　址：	http://www.ccpress.com.cn
销售电话：	(010)59757973
总 经 销：	人民交通出版社股份有限公司发行部
经　　销：	各地新华书店
印　　刷：	北京市密东印刷有限公司
开　　本：	880×1230　1/16
印　　张：	8
字　　数：	225千
版　　次：	2007年9月　第1版 2013年8月　第2版 2020年1月　第3版
印　　次：	2020年1月　第3版　第1次印刷　总计第13次印刷
书　　号：	ISBN 978-7-114-16087-5
定　　价：	23.00元

(有印刷、装订质量问题的图书由本公司负责调换)

中等职业学校汽车运用与维修专业新课程教学用书

主　　编　刘建平　辜东莲
顾　　问　赵志群

编 委 会

主 任 委 员　周炳权　胡学兰
副主任委员　刘建平　张燕文　辜东莲
编　　委　（按姓氏笔画排序）

叶伟胜	冯明杰	刘付金文	刘桂松
刘　毅	朱伟文	齐忠志	何　才
何媛嫦	张东燕	张　发	张琳琳
李　琦	邱志华	邱志成	陆宝芝
陈万春	陈高路	陈楚文	麦锦文
巫兴宏	庞柳军	林文工	林志伟
林夏武	林根南	林清炎	林鸿刚
武　华	武剑飞	段　群	胡炳智
赵中山	唐奎仲	唐蓉芳	徐正国
萧启杭	曾晖泽	赖　航	蔡北勤
鞠海鸥	魏发国		

序

看过人民交通出版社发给我的由刘建平和辜东莲两位老师主编的《中等职业学校汽车运用与维修专业新课程教学用书》系列教材样稿后，不禁感慨万千。汽车维修专业课程改革在我国已经开展多年了，如何打破传统的"基础课、专业基础课、专业课"的三段式模式，以及改变以"教师、教室、教材"为核心的三中心特征，一直以来备受关注。虽然有许多学校都在尝试着改革，也取得了许多可喜的成果，但真正意义上的突破还是不多。这套教材的出现真正让我有了一种"久旱逢甘雨"的感觉。记得2004年6月应广州市交通运输职业学校之邀，我参加了该校模块化教学改革研讨会，参观学校模块化教学实训中心，并与老师们一起讨论模块化教材编写，那次接触让我看到了这所学校在汽车维修专业改革中"敢为人先"的闯劲。现在看到教材样稿果然不同凡响，再次让我感受到广州市交通运输职业学校在汽车维修专业改革上不断创新的精神。

汽车维修中职教育首先有着明确的培养目标，那就是培养当代汽车维修技术工人。怎样把学生培养成合格的人才是汽车维修中职教育的关键所在，而在教学过程中理论与实践结合应该采取何种形式又是问题的要点所在。汽车维修教学中理论与实践结合往往容易出现重视形式上的结合，忽视实质上结合的问题，例如：将汽车构造教材与汽车维修教材简单地合编成"理实"结合在一起的教材，还有将教室直接搬到实训中心内的形式上的"理实"结合等。真正的"理实"结合应该是根据培养对象和培养目标来确定的有着实际内涵的"理实"结合。这套教材以汽车维修实际工作任务为核心，将专业能力与关键能力培养、学习过程与工作过程融为一体以此展开相关联部分的系统结构、系统原理、维修工艺、检验工艺、工具量具使用、技术资料查阅以及安全生产等内容的"理实"一体化教学。这种方式首先以动手解决具体问题为目标，这样可以极大地调动学生的学习兴趣，学生在学习技能的同时，将必要的理论知识结合在实践过程中一起学习，让学生不仅掌握怎么做的要领，还教给学生为什么这样做的道理。在这种模式中，学生是为了更好地理解所要完成的学习任务才去学习相关理论知识的，这就调动了学生学习理论知识的主动性。学生在学习并完成了实用的汽车维修工作任务后，激发出来的职业成就感，必然会使学生重建因学会工作的内容而久违了的自信心，这正是我们职业教育最应该达到的教学效果。

我为这套教材所呈现的课程模式感到由衷的高兴，并对付出辛勤劳动撰写这套教材的每一位老师表示由衷的感谢。我真诚地希望这套教材能够为我国汽车维修专业改革送上一股不断创新的强劲东风，为创造出更加适合我国国情的汽车维修专业课程模式投石问路，为汽车维修职业教育的发展锦上添花。

朱 军

第3版前言

依据设计导向的职业教育思想,以培养学生综合职业能力为目标,以工作过程系统化为教学原则,广州市交通运输职业学校组织专家与老师编写了"中等职业学校汽车运用与维修专业新课程教学用书"。该套教学用书采用工作页的编写模式,以工作过程系统化课程构建、理论实践一体化教学实施和丰田、通用等校企合作项目开展为教学实践基础,是一套符合职业成长规律的工学结合课程教学用书。

本套教学用书自2007年9月首次出版以来,获得社会各界的一致好评,并于2013年修订再版。2012年,本套教材申报教育部"中等职业教育改革创新示范教材",有多本教材入选,2014年以本套教材为核心成果的"基于能力培养的中职汽车运用与维修专业工学结合课程研究与实践"获评国家级教学成果一等奖。这也证明了本套教材不论在教学理论、教学内容,还是教学组织形式上,都具有较强的改革创新特性,值得向全国广大的职业院校进行推广。

该套教学用书重点强调对学生自主学习能力培养,旨在使学生在完成典型工作任务的过程中,学会学习,学会工作。在处理学生与教师的关系、学习目标、课程内容、学习过程和学业评价等方面,该套教学用书具有如下特点。

1. 学生有学习的空间

首先,学习之初所明确的具体学习目标和学习内容,可使学生随时监控自己的学习效果,自我评价和他人评价的结合,为实现个性化的学习创造了条件;其次,体系化的引导问题强化了学生的主体地位,给学生留下充分思考、实践与合作交流的时间和空间,使学生亲身经历观察、操作、交流和反思等活动;再次,工作页中并不全部直接给出学习内容,而是需要学生通过开放性的引导问题和拓展性学习内容去主动获取,旨在培养学生的自主学习能力,从而使学生能够进一步理解技术知识并提高解决问题的能力;最后,尽量营造接近现实的工作环境,从栏目设置、文字表达、插图到学习内容的安排,都鼓励学生去主动获得学习和工作的体验。

2. 教师角色的多元化

本套教材在明确学习目标的情况下,通过引导问题来提供与完成学习任务联系十分紧密的知识,为教学组织与实施留下许多的创造空间。需要教师转换角色,从一名技术知识的传授者,转化为提高学生综合职业能力的促进者、学习任务的策划者、学习行动的组织动员者、学习资源的提供者、制定计划与实施计划的咨询者、学习过程的监督者以及学习绩效的评估和改善者,即教师的多元化角色。因此,建议在教学实施中,由教师团队共同负责组织教学。

3. 学习目标的工作化

学习目标就是工作目标,既能体现职业教育的能力要求,又能具有鲜明的工作特征。这里的能力不仅仅强调"操作性"与"可测量性",是具有专业内容的综合职业能力,包括专业能力和关键能力,既有显性的、可测量和可观察的工作标准要求,也含有隐性的、不可测量的能力和经验成分。与此同时,学习目标不但具有适度开放的空间,既不拘泥于当前学校或企业的状况,还能充分体现出职业生涯成长的综合要求。

4. 课程内容的综合化

课程内容的综合化体现在:一方面,每个学习任务的内容都具有综合性的特征,既有技能操作,也有知识学习,是工作要求、工作对象、工具、方法和劳动组织方式的有机整体,反映了工作与技术、社会和生活等的密切联系;另一方面,反映典型工作任务的学习任务也具有综合性的特征,要求每个学习任务的内容虽相互独立但又具有内在的联系。

5. 学习过程的行动化

行动化的学习过程首先体现在行动的过程性,让学生亲身经历实践学习和解决问题的全过程,在实践行动中学习,而非以往那种完成理论学习后再进行实践的学习过程;其次是行动的整体性,无论学习任务的大小和复杂程度如何,每个学习任务都要学生完成从明确任务、制定计划、实施计划、检查控制到评价反馈这一完整的工作过程;再次,有尝试新行动的实践空间,尽量创造条件让学生探索解决其未遇到过的实际问题,包括独立获取信息、处理信息,整体化思维和系统化思考。

6. 评价反馈的过程化

过程化首先体现在评价反馈是完整学习过程的一部分,是对工作过程和结果的整体性评价,是学习的延伸和拓展;其次在计划与实施环节中,工作的"质量控制与评价"贯穿于整个过程。过程化的学习评价可帮助学生获得初步的总结、反思及自我反馈的能力,为提高其综合职业能力提供必要的基础。

随着汽车技术的升级换代,综合参考全国各地职业院校和出版社反馈的使用意见,编者在第2版基础上进一步修订,"中等职业学校汽车运用与维修专业新课程教学用书(第3版)"得以与社会各界见面。与第2版相比,本版教材作了如下改进:

(1)车型技术进行了更新升级。本套教材仍然以丰田卡罗拉车型为主要技术载体,从2010款卡罗拉车型升级为2014款卡罗拉车型,紧跟市场变化。

(2)通过学习拓展等方式增加新技术。删减了已逐渐淘汰的汽车技术,通过学习拓展等方式新增了车身电子稳定系统(ESP)、车载局域网、汽油机缸内直喷、空调电动压缩机、电池能源管理系统等技术。

(3)对第2版中的错漏部分进行了修订。

(4)重要知识点旁配置了二维码,扫码可观看该知识点的动画或视频,可使教学更加立体化。

本套教材由广州市中等职业教育地方教材建设委员会组织编写,广州市教育局教学研究室和广州市交通运输职业学校共同主持实施,并得到了人民交通出版社股份有限公司的指导,丛书主编为广州市交通运输职业学校刘建平和广州市教育局教学研究室辜东莲,特邀北京师范大学技术与职业教育研究所所长赵志群为课程设计顾问。

本书由广州市交通运输职业学校巫兴宏和齐忠志主编,魏发国、唐蓉芳参编。其中,巫兴宏编写学习任务1自动变速器的正确使用和基本检查,魏发国编写学习任务2液力变矩器的检修和学习任务4液压控制系统的检修,齐忠志编写学习任务3机械传动系统的检修,唐蓉芳编写习任务5电子控制系统的检修,全书由巫兴宏和齐忠志统稿,华南农业大学刘仲国教授审稿。

由于教材编者的编写工作是在不断地实践和理论学习过程中进行,正处于不断的学习与更新过程中,难免有不妥之处,还请使用本书的广大师生不吝批评指正。

编 者
2019年8月

致同学

亲爱的同学,你好!

欢迎你就读汽车运用与维修专业!

在我国,汽车产品、技术日新月异,汽车的快速普及和汽车行业的迅速发展,使得汽车维修技术人员已成为技能型紧缺人才。作为未来的汽车维修技术能手,你将如何迎接这一挑战?在此,希望我们的新课程工作页能够为你的职业成长提供帮助,为你职业生涯打下坚实的基础。

与过去使用的教材相比,你手里的工作页是一套全新的教学材料,它能帮助你了解未来的工作,学习如何完成汽车维修中重要的典型工作任务,并能按照职业成长规律促进你的综合职业能力发展,使你快速成为令人羡慕的汽车维修技术能手!

为了让你的学习更有效,希望你能够做到以下几点:

一、主动学习

要知道,你是学习的主体。工作能力主要是靠你自己亲自实践获得的,而不能仅仅依靠教师在课堂上讲授。教师只能为你的学习提供帮助。例如,教师可以给你解释汽车发生的故障,向你讲授汽车维修的技术,教你使用维修汽车的工具,为你提供维修手册,对你进行学习方法的指导。但在学习中,这些都是外因,你的主动学习才是内因,外因只能通过内因起作用。职业成长需要主动学习,需要你自己积极地参与实践。只有在行动中主动和全面地学习,才能很好地提高职业能力。因此,主动严谨的学习方法才是实现有效学习的关键所在。

二、用好工作页

首先,你要了解学习任务的每一个学习目标,利用这些目标指导自己的学习并评价自己的学习效果;其次,你要明确学习内容的结构,在引导问题的帮助下,尽量独立地去学习并完成包括填写工作页内容等在内的整个学习任务;再次,你可以在教师和同学的帮助下,通过查阅维修手册等资料,学习重要的工作过程知识;最后,你应当积极参与小组讨论,去尝试解决复杂和综合性的问题,进行工作质量的自检和小组互检,并注意规范操作和安全要求,在多种技术实践活动中形成自己的技术思维方式。

三、把握好学习过程、学习内容和学习资源

学习过程是由学习准备、计划与实施和评价反馈所组成的完整过程。你要养成理论与实践紧密结合的习惯,教师引导、同学交流、学习中的观察、动手操作和评价反思都是专业技术学习的重要环节。

本课程的学习内容以丰田 A340E 或 A341E 自动变速器为主线,学习拓展时,渗透大众汽车系列 01N 或 01V 自动变速器的内容。你要学会使用这两种维修手册以及依据维修手册进行规范操作。

学习资源可参阅机械工业出版社的《汽车自动变速器构造与维修》(朱迅、李晓,2015)、人民交通出版社股份有限公司的《汽车自动变速器维修》(王健,2017)。要经常阅览汽车自动变速器的维修网页,学习最新的技术和实际维修的技术通报,拓展你的学习范围。

你在职业院校的核心任务是在学习中学会工作,这要通过在工作中学会学习来实现,学会工作是我们对你的期待。同时,也希望把你的学习感受反馈给我们,以便我们能更好地为你服务。

预祝你学习取得成功,早日实现汽车维修技术能手之梦!

编 者
2019 年 8 月

目 录

学习任务 1　自动变速器的正确使用和基本检查 …………………………………………… 1
学习任务 2　液力变矩器的检修 ………………………………………………………………… 25
学习任务 3　机械传动系统的检修 ……………………………………………………………… 44
学习任务 4　液压控制系统的检修 ……………………………………………………………… 75
学习任务 5　电子控制系统的检修 ……………………………………………………………… 96
参考文献 …………………………………………………………………………………………… 117

汽车自动变速器维修学习任务结构图

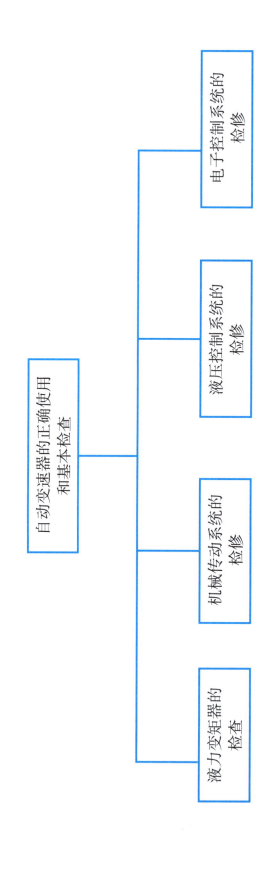

学习任务1　自动变速器的正确使用和基本检查

学习目标

完成本学习任务后,你应当能:

1. 分辨自动变速器的类型,查找自动变速器的识别码;
2. 叙述自动变速器的组成,简述自动变速器的换挡原理;
3. 在教师的指导下,制订自动变速器的基本检查工作计划并进行调整;
4. 根据自动变速器类型正确选用自动变速器油(ATF),在教师指导下,检查ATF油量和油质,结合油液状况分析故障原因;
5. 与小组成员合作查阅维修自动变速器资料,正确选用维修设备,并在教师指导下,对自动变速器进行基本检查和调整。

建议完成本学习任务为20学时

内容结构

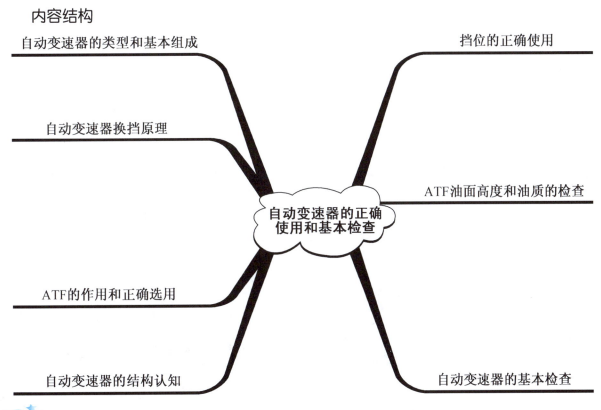

学习任务描述

请根据汽车维修手册,在教师的指导下完成自动变速器的基本检查。

自动变速器集机械、液力传动和电子控制于一体,结构复杂,是汽车的重要总成。一辆出现自动变速器故障的汽车被送至汽车维修站,仅通过目视无法检查出其故障。维修人员需要根据客户提供的车辆故障信息进行故障验证,完成车辆的基本检查后,需要有的放矢地查找自动变速器故障原因,并解体维修自动变速器。

一、学习准备

1. 请列举你所知道的装有自动变速器的汽车品牌车型,查阅资料了解自动变速器的发展与应用情况。

现代自动变速器技术的发展主要体现在控制系统的不断改进上,主要经历了以下几个阶段:AT(全液压控制自动变速器)→EAT(电脑控制自动变速器)→MAT(手动、自动混合控制自动变速器)→CVT(无级变速器)。相对于手动变速器而言,自动变速器可以根据汽车的实际行驶状况自动选择几个前进挡位中的一个挡位,行驶状况发生变化时,自动换至合适的挡位。如图 1-1 所示,与手动变速器一样,自动变速器的主要作用是增大发动机输出动力的变动范围,然后再将发动机输出的动力传递到驱动轮上。

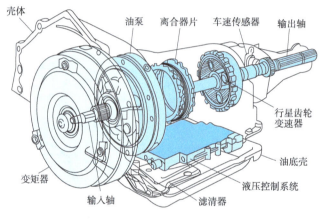

图 1-1　自动变速器

2. 自动变速器车辆与手动变速器车辆有什么区别?驾驶自动变速器车辆有什么优势?

如图 1-2 所示,驾驶自动变速器车辆与驾驶手动变速器车辆的区别:驾驶自动变速器车辆前进时只需将挡位拨到 D 挡;驾驶手动变速器车辆时须不断踩离合器踏板并变换挡位。

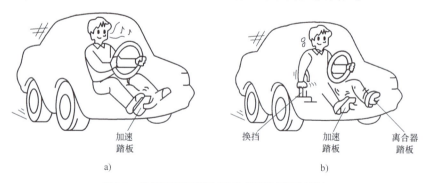

图 1-2　自动变速器车辆与手动变速器车辆的区别
a)驾驶自动变速器汽车;b)驾驶手动变速器汽车

自动变速器车辆的优点：驾驶技巧易于掌握，操控方便，可降低驾驶人的疲劳程度，提高乘坐舒适性；延长发动机及变速器传动件的寿命，且操作简单不易造成误起动。

二、计划与实施

 3. 自动变速器分哪几种类型，有哪些主要品牌？

同类型自动变速器可被用在多个汽车公司不同款式的汽车上，而同一种车型也可能装备不同型号的自动变速器。若要正确使用和维护自动变速器，首先要了解车辆装备的自动变速器型号，才能检查分析故障，有针对性地查找资料和采购零配件进行维修。

1）根据汽车驱动形式分类

如图1-3和图1-4所示，自动变速器分为前轮驱动、后轮驱动和四轮驱动自动变速器三大类。

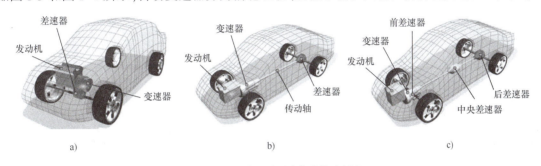

图1-3 按汽车驱动形式分类的示意图
a) 前轮驱动；b) 后轮驱动；c) 四轮驱动

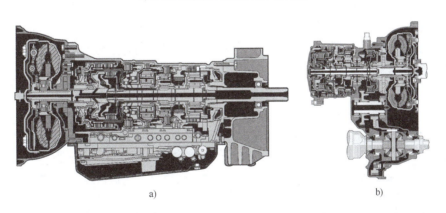

图1-4 自动变速器的驱动形式
a) 后轮驱动自动变速器；b) 前轮驱动自动变速器

如图1-4所示，在结构上前轮驱动自动变速器比后轮驱动自动变速器增加了哪些部件？

2）按控制系统分类

如图1-5和图1-6所示，现代汽车自动变速器有液压控制自动变速器和电子控制自动变速器两种常见的控制形式。

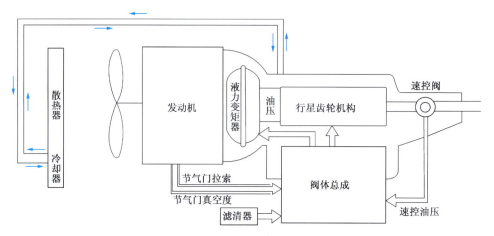

图 1-5　液压控制自动变速器

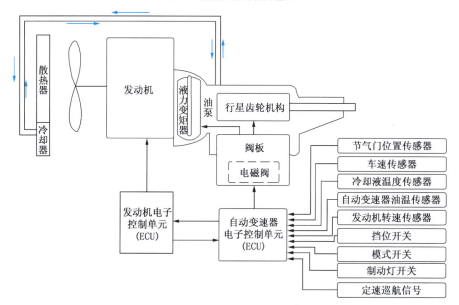

图 1-6　电子控制自动变速器

根据图 1-5 和图 1-6,液压控制自动变速器和电子控制自动变速器有什么区别?

3)自动变速器的生产厂商与型号识别

在变速器壳体侧边的标牌上可以查找到各种车型所使用的变速器型号,主要包括以下内容:

(1)变速器性质:主要表明是自动变速器还是手动变速器,一般"A"表示自动变速器,"M"表示手动变速器。

(2)生产厂商:部分自动变速器会标明生产厂家的字母,如字母"ZF"表示该自动变速器为德国 ZF 公司制造。

(3)驱动方式:主要表明是前轮驱动还是后轮驱动,如字母"F"表示前轮驱动,"R"表示后轮驱动。但也有例外,如丰田公司用数字表示驱动方式,部分四轮驱动车辆在型号后面附字母"H"或"F"表示。

(4)前进挡位数:一般用数字表示自动变速器前进挡变速比的个数。

(5) 控制方式：一般 "E" 表示电子控制，"L" 表示液压控制，"EH" 表示电液控制。

(6) 改进序号：表示自动变速器是否在原变速器的基础上有过改进。

(7) 额定输出转矩：自动变速器能够输出的最大转矩，通用与宝马等公司的自动变速器型号中含有此参数。

4) 常见车型的自动变速器及生产厂商

(1) 日本 AISIN 公司生产的自动变速器，主要用于 TOYOTA、MITSUBISHI、VOLVO、DAEWOO、SAAB 和 ISUZU 等品牌车型，型号主要有：AW 30—40LE、AW 03—72LE 和 AW50—40LE 等。

(2) 德国 ZF 公司生产的自动变速器，主要用于 BMW、AUDI、VW、SAAB 和 JAUGER 等品牌车型，型号主要有：ZF 4HP—18FLE、5HP—18、5HP—19、5HP—24 和 6HP—26 等。

(3) 美国 GM 公司生产的自动变速器，主要用于 GM 各系列车型、HONDA 后驱车型和 BMW 美规车型等，型号主要有：4T60E、4T65E（上汽通用别克大量使用）、4L60E、4L80E 等。

(4) 其他变速器生产厂商：如 FORD、CHRYSLER、NISSAN 和 BENZ 等汽车生产厂商。

如图 1-7 所示，请在车辆上或总成件上查找出该自动变速器的型号：_____

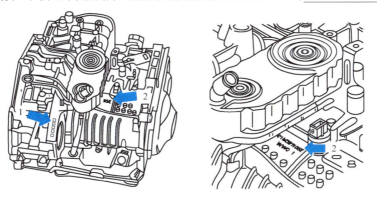

图 1-7　01M 自动变速器标记位置

查阅维修资料，写出下列自动变速器型号的含义。

ZF5HP19—FL：_____

_____

A340E：_____

_____

4T65E：_____

_____

01M：_____

_____

 4. 自动变速器处于 D 挡位时可进行自动换挡，为什么还要设置其他挡位？应如何正确使用自动变速器？

虽然自动变速器操纵方便且能自动换挡，但一旦选定挡位，自动变速器就会按照挡位的指示自动执行相应变速换挡，如果选择挡位错误或误操作，将会增加自动变速器产生故障的可能性，因此，需要正确使用自动变速器挡位。

1) 自动变速器操纵手柄的使用

驾驶人通过驾驶室内的操纵手柄来操作自动变速器，部分操纵手柄安装在地板上，如君越、凯美瑞和天籁等;部分操纵手柄安装在转向柱上,如丰田大霸王;部分操纵手柄安装在仪表板上,如本田奥德赛。如图1-8所示,操纵手柄一般有5~8个挡位或6~7个挡位。

图1-8 典型的自动变速器换挡操纵手柄

操纵手柄改变了自动变速器阀板总成中手动阀的位置,只能控制空挡、前进挡和倒挡。自动变速器本身的挡位是由换挡执行机构的动作决定,而挡位的最终确定则取决于手动阀位置、车速和节气门开度等因素的综合作用。

2)各挡位标识及区别

如图1-8所示,自动变速器的挡位因车型的不同稍有差别,常见的有3挡、4挡和5挡变速器,即有3个、4个或5个前进挡位,通常表示为P-R-N-D-3-2-1。此外,还有带1挡和OD挡的,1或L只是不同的表示方法。挡位显示位置一般有两处,在中央控制台上显示或在仪表板上显示,其操作及对应的挡位关系如下。

P位:驻车锁止位置。在此位置发动机可着车,但驱动轮无动力输出,同时由于停车锁止棘轮作用于与输出轴连接的停车齿轮,使汽车既不能向前滑行,也不能向后滑行。

R位:倒车挡。汽车在停止状态,发动机在怠速或熄火时才可挂入倒车挡。

N位:空挡。允许发动机着车,在不拉紧驻车制动器操纵手柄的情况下,汽车可向前或向后滑行。

D位:持续前进挡。通常情况下的前进行驶挡位,此时自动变速器根据节气门开度和车速等自动在前进挡中换挡。在交通拥挤的地方或不是很陡的山地或负载重时宜使用此挡。

3位:丘陵路段挡位。根据发动机的负载和车速在1、2、3挡中自动切换,同时在下坡时可以利用发动机进行制动。

2位:山路行驶挡位。根据发动机的负载和车速在1、2挡中自动切换,这样避免了不必要的换入高挡,下坡时可以利用发动机进行制动。

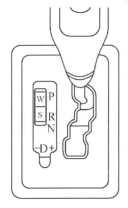

图1-9 换挡模式

1位:陡峭山路挡位。必须按下换挡杆上的按钮,方可换入1挡。在上、下非常陡峭的坡道时选用此挡。此时,汽车永远处于1挡,而不会换入其他挡位。1挡也最大限度地保证了发动机制动效果。

3)控制开关的使用

(1)换挡模式:如图1-9所示,一般有3种换挡模式,即动力模式(PWR)、经济模式(ECO)和一般模式(NORM)。

动力模式:换挡车速高,动力性好。

经济模式:换挡车速低,经济性好。

一般模式:兼顾经济性与动力性。

自动变速器模式开关的缺点是需要人为改变三种控制模式(经济模式、标准模式或动力模式)中的一种。目前,一些新型电子控制自动变速器取消模式开关,由自动变速器电控系统进行自动模式选择控制。根据传感器测量汽车行驶状况和驾驶人操作方式，自动变速器电控系统分析自动选择模式进行换挡控制，以满足不同的驾驶操作要求。

(2) 超速挡开关(O/D)：部分车辆有此开关，一般自动变速器的最高挡为 O/D 挡，在仪表上有 O/D OFF 指示灯。当 O/D OFF 灯亮时，车辆的最高挡为 3 挡，当 O/D OFF 灯灭时，车辆的最高挡为 4 挡行驶（此种情况是针对前进挡只有 4 挡的自动变速器）。

4) 不同工况下自动变速器的使用

(1) 起动：拉紧驻车制动器操纵手柄和踩住制动踏板，将换挡操纵手柄置于 P 位或 N 位，将点火开关转至起动位置，发动机起动。

(2) 起步：发动机起动后停留几秒，踩住制动踏板，按锁止按钮，然后挂挡，查看挡位是否正确，最后松开驻车制动器操纵手柄，抬起制动踏板，怠速即可起步。

(3) 正常行驶：在一般道路上行驶时，通常将操纵手柄置于 D 位，并打开超速挡开关，汽车根据行驶状况在 D 挡中的各个前进挡自动升挡或降挡。

(4) 倒车：在汽车完全停稳后，将操纵手柄移至 R 位，以怠速缓慢倒车。

(5) 坡道行驶：在一般坡道上行驶时，可按一般道路行驶方法，在 D 位用加速踏板或制动踏板控制上下坡车速；坡道较陡时，可将挡位置于 2 位行驶，可使自动变速器在 2 挡位置稳定行驶。

(6) 雪地或泥泞路面行驶：将挡位置于 2 位或 L 位，限制自动变高挡位，防止驱动轮打滑。有雪地模式的可按下(Snow)开关，在 D 位自动高挡起步。

(7) 临时停车：在等待交通信号或其他原因临时停车时，若时间较短，可将挡位置于 D 位，用脚踩制动踏板；若时间较长，最好将挡位置于 N 位，拉紧驻车制动器操纵手柄停车，以免自动变速器油温度过高。

(8) 停放：汽车停放好后，踩住制动踏板，将挡位置于 P 位，拉紧驻车制动器操纵手柄，然后关闭点火开关。

5. 观看车辆结构视频，观察自动变速器各系统的安装位置，分析其主要功能和作用。

如图 1-10 所示，自动变速器包括 4 个基本系统：液力变矩器、齿轮传动装置、液压控制装置和电子控制装置。

(1) 液力变矩器：取代了手动变速器的机械离合器，传输和增加发动机产生的转矩。

如图 1-11 所示，液力变矩器位于自动变速器的最前端，与发动机飞轮直接连接，工作时以自动变速器油作为工作介质，根据汽车行驶阻力的变化，能在一定范围内自动地、无级地改变传动比和转矩比。

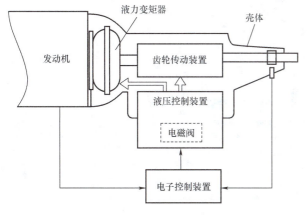

图 1-10　自动变速器的基本组成

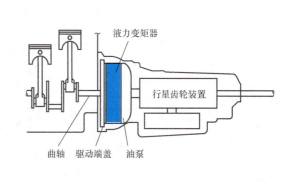

图 1-11　液力变矩器的安装位置

（2）齿轮传动装置：进行减挡、升挡、空挡和倒挡等换挡操作。

齿轮传动装置（图1-12）是自动变速器的重要组成部分，主要由齿轮传动机构和换挡执行机构组成。其中，换挡执行机构由离合器、制动器和单向离合器等组成。自动变速器工作时，可通过改变不同元件作主动件和限制不同元件的运动，形成不同挡位。

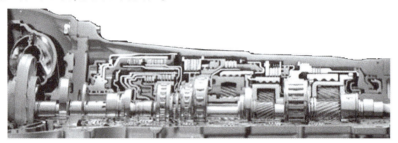

图1-12　齿轮传动装置

（3）液压控制装置：控制液压的压力和方向，使液力变矩器和齿轮传动装置顺利工作。

液压控制装置主要由油泵、储油盘、滤清器、阀体总成及管道组成。如图1-13所示，自动变速器的阀体中含有许多液压阀。

图1-13　液压控制装置

（4）电子控制装置：控制电磁阀和液压控制装置，使自动变速器达到汽车行驶的最佳状态。

如图1-14所示，在控制过程中，电子控制装置利用的是现代电子控制技术。在液压控制系统的基础上，电子控制装置增加了传感器、控制开关、执行器和电子控制模块。

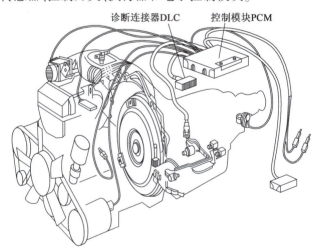

图1-14　典型的电控自动变速器

6. 自动变速器是如何实现自动换挡的?

影响全液压控制自动变速器的因素有:驾驶人踏下加速踏板的同时,发动机进气歧管的真空度和汽车的行驶速度改变。如图 1-15 所示,自动换挡系统中各控制阀不同的工作状态,将改变执行元件的工作状态,使变速齿轮机构的动力传递路线发生改变,实现变速器挡位的自动变换。

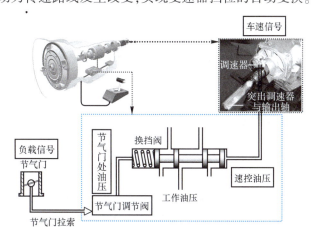

图 1-15　自动变速器的换挡原理

发动机的负载信号和汽车的车速信号是自动变速器换挡的两个基本参数,分别是由节气门调节阀和车速调速器产生。发动机负载增大时,节气门的开度随之增大,节气门处油压升高;汽车车速升高时,调速器所产生的速控油压也随之升高。

如图 1-16 所示,自动变速器实现了由低挡位到高挡位的转换。图 1-16 中较图 1-15 中换挡阀的阀芯发生了＿＿＿＿＿＿(左移/右移),使图 1-16 中来自油泵的工作油压＿＿＿＿＿＿(能/不能)进入 2 挡油路,变速器实现了 2 挡传动。

如图 1-17 所示,自动变速器实现了由高挡位到低挡位的转换。图 1-17 中较图 1-16 中换挡阀的阀芯位置发生了＿＿＿＿＿＿(左移/右移),油泵的工作油压＿＿＿＿＿＿(能/不能)进入 1 挡油路,变速器实现了挡位的自动转换。

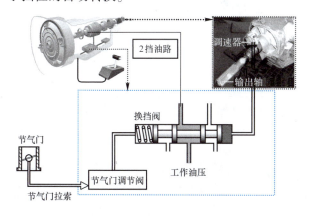 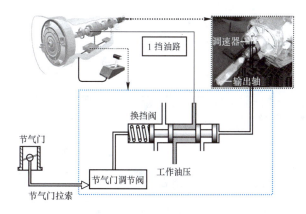

图 1-16　低挡升高挡的原理图　　　　　　　图 1-17　高挡降低挡的原理图

如图 1-18 所示,电控自动变速器是 ECU 根据传感器检测发动机和汽车行驶状况来控制电磁阀,从而控制液压装置,其换挡原理与全液压控制自动变速器基本相同。

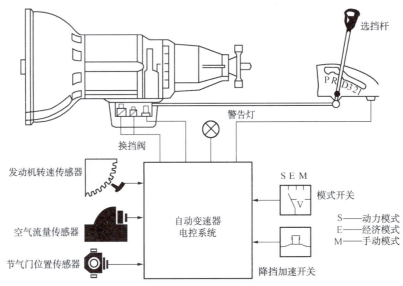

图1-18 博世电子控制式自动变速器

7. 在教师指导下,根据车辆运行情况及外观检查结果,查阅相应维修手册,完成车辆检查记录表。

车辆检查记录表见表1-1。

车辆检查记录表　　　　　　　　　　　　　　　　　　表1-1

车辆名称		登记号	
		登记年月日	
		车架号	
自动变速器的识别码			
检查日期		里程表读数	km
挡位指示灯		□ 正常	□ 不正常
换挡拨动情况	□ 各挡是否顺畅	□ N挡起动	□ P挡起动
	□ 窜动		□ P挡时制动灯亮
发动机怠速	r/min		□ 稳定
车辆行驶情况转速	□ 车辆不行驶　（□ 任何挡位　□ 特定挡位）		
	□ 接合不柔和　（□ 空挡 –4　□ 锁定　□任何挡位）		
	□ 滑移或打颤		
	□ 无自动跳合		
	□ 无模式选择		
	其他		

小提示

由于自动变速器结构复杂且类型多样,因此,在检查或维修自动变速器前,应先查询正确的维修数据,按厂家规定的项目和规范进行维护。不同型号的自动变速器,即使是同一厂家的产品,其结构和使用的油液和垫圈也可能不一样,因此,自动变速器的基本检查维护周期、方法和要求也不同。

 8. 自动变速器油(ATF)的作用是什么？如何识别和选择其级别及型号？

自动变速器油简称 ATF(Automatic Transmission Fluid),用于自动变速器液压系统的油液。

1) ATF 的主要用途

ATF 是液力变矩器传递转矩的介质,为自动变速器中离合器和制动器的工作产生液压作用,具有润滑、清洁和冷却作用。

自动变速器的工作特点要求 ATF 必须具有较高的品质,即具备适当的黏度、低温流动性、抗磨性、防腐性、抗泡沫性和热氧化安定性等。

2) ATF 的品质与类型

ATF 的品质好坏对自动变速器的工作性能发挥至关重要。进行自动变速器维护时,经常会发现 ATF 选择不当对变速器所造成的不利影响。

如图 1-19 所示,自动变速器油有专用油和通用型油两类。

(1) 常见指定专用油。专用油是指汽车制造厂委托油品生产商为其配套生产的自动变速器油。如 BMW、AUDI/VW、Citroen、BENZ、JAGUAR、Peugeot 和 Porsche 等使用 ESSO 公司的 LT 71141 型号 ATF。

(2) 常见通用型油。

　　　　DEXRON——通用公司制定的标准。
　　　　MERCON——福特公司制定的标准。
　　　　MOPAR——克莱斯勒公司制定的标准。
TOYOTA TYPE WS——丰田最新型变速器系列 ATF。

ESSO　LT 71141 ATF　　　　DEXRON Ⅲ　ATF

图 1-19　自动变速器油

 小提示

所有的变速器上都有一个通气孔,若该孔堵塞会导致自动变速器油的冷却或润滑不良,还会导致自动变速器密封性破坏。因此,维修时需检查该孔是否堵塞。

 9. ATF 油面高度对自动变速器工作有何影响？定期检验 ATF 的原因是什么？

ATF 油面偏低或偏高都会使空气被吸入油泵的进油管与油液混合在一起。

ATF 油面偏低时,造成油压增长缓慢和油压低,致使换挡打滑。

ATF 油面偏高时,混有空气的油会起泡沫,容易过热或氧化,导致变速器的阀门和执行机构等部件出现故障。

 小提示

ATF 中出现泡沫很容易导致变速器通气孔发生泄漏。

ATF变质或变脏会直接影响自动变速器的正常使用,因此,需定期检验更换ATF。在使用过程中,ATF老化变质的主要原因有:

(1)自动变速器工作环境恶劣导致ATF工作温度过高,会破坏ATF品质。

(2)在高温氧化过程中,ATF产生油泥。

(3)变速器正常磨损产生杂质影响ATF品质。

小提示

一般在正常工作情况下,ATF能使车辆行驶约4万km或24个月不变质。

ATF会因温度变化频繁和变化幅度大而发生变质,因此,每6个月至少应检查一次。

如图1-20所示,自动变速器有一个变速器油滤清器,一般位于变速器壳内部的油泵进油口和油底壳之间。车辆达到厂家规定的行驶间隔里程时,需更换变速器油滤清器,否则将引起油流和油压降低而使变速器过早损坏。

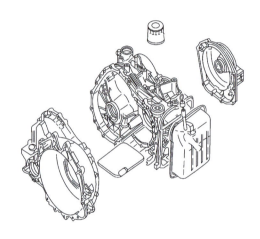

图1-20　ATF滤清器位置图

根据维修手册确定你所维修车辆的ATF滤清器的更换周期或更换里程为_____。

小提示

自动变速器性能比较稳定,只要注意正确使用和维护,一般不发生故障,维修工作量不大。通常维护只需要检查、添加或更换ATF,进行节气门拉索、换挡杆、开关检查或调整制动带等。基本检查和调整项目包括:油面检查、油质检查、液压控制系统泄油检查、节气门拉索检查和调整、换挡杆位置检查和调整、空挡起动开关和怠速检查。无论自动变速器出现什么故障,都要先进行上述基本检查。

10. 如何检查和确定自动变速器泄漏位置?

泄漏会使变速器内油量逐渐减少,初期漏油虽然对变速器工作影响不大,但有很大的潜在威胁。进行ATF检查和更换前,应仔细迅速检查变速器是否有外部泄漏。如图1-21所示,通常垫片或密封件失效会造成ATF的泄漏,故常见的泄漏部件和部位有:油底壳密封件、变矩器、后盖及主减速器端、壳体边缘、速度表驱动齿轮组件和壳体上的电子设备接线器座等。

学习任务1　自动变速器的正确使用和基本检查

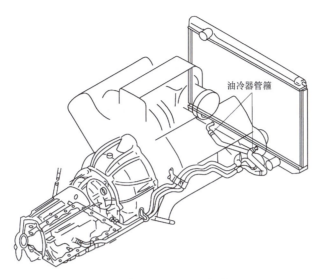

图1-21　自动变速器油泄漏部位图

 小提示

检查变矩器泄漏时,应区分是ATF泄漏还是发动机机油泄漏。首先,应根据所泄漏油的颜色差异判别是哪种油泄漏,然后再根据故障现象区别进行维修。一般,变矩器ATF泄漏会使整个变速器壳体变得十分潮湿,而发动机机油泄漏只会在变速器外壳留下一层油膜。

请你独立进行自动变速器漏油检查,并在表1-2中记录出现的问题。

检查结果:有无油液泄漏_____(有/无)。

自动变速器漏油检查　　　　　　　　　　　　表1-2

泄漏部件/部位	油液颜色	维修意见

 11. 根据所学的知识对ATF油面高度进行检查。

在自动变速器维护检修的实际工作中,无法通过直接观察法确定变速器中油面位置,但可利用自动变速器上的油尺刻度或变速器上的溢油检查孔检测。

油尺刻度检查装置:自动变速器油尺刻度和发动机机油尺结构原理一样,可将油尺末端伸入自动变速器油底壳内的油液中,拔出油尺后通过黏附在上面的油迹来检查变速器的油位。如图1-22所示,油尺上的油位刻度线标记方法可分为以下几种:双刻度线式、三刻度线式和四刻度线式。

查阅维修手册,按照以下步骤进行规范操作。

(1)将车辆停放在水平地面上,实施驻车制动。

(2)将换挡杆放在P位或N位(空挡),发动机在怠速时至少运转1min,使油液达到正常工作温度(50～90℃);继续使发动机怠速运转1min以上。

(3)踩住制动踏板,将换挡杆拨至R位、D位、S位、L位或2位和1位等位置,并在每个位置上停留几秒,使液力变矩器和所有换挡执行元件中都充满液压油。

13

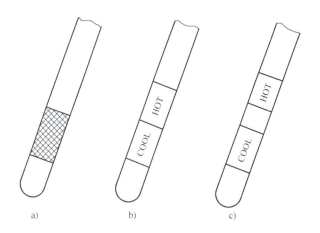

图 1-22 油尺液位类型
a) 双刻度线式；b) 三刻度线式；c) 四刻度线式

（4）将换挡杆拨至 P 位。

（5）从加油管内拔出自动变速器油尺，将其擦干净后再全部插入加油管后拔出，检查油尺上的油面高度。

（6）若油面过低，应从加油管处添加合适的自动变速器油，直至油面高度符合标准为止。

（7）继续运转发动机，检查自动变速器油底壳、油管接头等处有无漏油，如有漏油，应立即予以修复。

 小提示

液压油油面高度的标准：

（1）如图 1-23 所示为油尺刻度检查法。如果自动变速器处于冷态（即冷车刚刚起动，液压油的温度较低，或室温低于 25℃ 时），液压油油面高度应在油尺刻线的下限附近（COOL）；如果自动变速器处于热态（如低速行驶 5min 以上，液压油温度已达 70~80℃），油面高度应在油尺刻线的上限附近（HOT）。

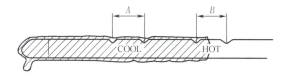

图 1-23 刻度油尺检查方法

（2）溢油孔式检查方法。检查时，汽车车身保持水平，如果有少量油溢出即为合格。

溢油孔式检查装置：某些自动变速器上没有检查自动变速器油位的油尺，可利用变速器油底壳中一块高台阶处的螺孔进行检查和加注变速器油，其结构原理如图 1-24 所示。

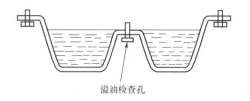

图 1-24 溢油孔式液面检查原理示意图

进行自动变速器油面高度检查的同时，应如何判断 ATF 油质是否正常？

根据 ATF 的颜色进行判断：_____。

根据 ATF 的气味进行判断：_____。

根据 ATF 中的杂质进行判断：_____。

 小提示

在检查油质时，可通过眼看、鼻闻、手摸的方法进行判断，通常用手感的方法比用眼观察更有效，把一小滴油滴在两个手指之间，摩擦两个手指，如果感到油液脏且含有砂质，则说明 ATF 已经被污染了。

ATF 的气味和状态检查同样非常重要，ATF 的气味和状态反映变速器的工作状态。检查油液时，可从油尺上嗅一嗅油液的气味判断 ATF 是否变质。正常的 ATF 应该是红色或粉红色或黄色，若检查过程发现油液异常，说明该油液已经变质。

12. 按照工作规范检查 ATF 油面高度和油质，并根据需要更换自动变速器液压油。

1）根据检查情况，填写到表 1-3 中。

ATF 油面高度质量检查表　　　　　　　　　　　　　表 1-3

液面高度检查结果		油 质	
正常		颜色	
过高		气味	
过低		杂质	

结论：_____。

2）更换自动变速器油的方法

ATF 使用了一段时间后，如何判断是否应该换油？我们推荐用两种办法来确定 ATF 是否需要更换：一是根据该车的行驶里程来确定；二是根据 ATF 的品质进行判断，如果品质变坏，即使车辆行驶里程还没达到，也需要进行更换 ATF，如图 1-25 所示。检查自动变速器油质时，发现油液变质应立刻更换 ATF 和滤清器，此外还需根据维修手册提示定期更换 ATF 和滤清器，可以有效预防因 ATF 所致的故障。

图 1-25　油液状况检查示意图

 小提示

更换 ATF 时，一定要注意该变速器是属于前轮驱动还是后轮驱动的类型，避免加错油。由于在前轮驱动的车型上，主减速器和变速器是组合在一起，有可能是分开加油，因此，主减速器和变速器有可能需要加不同的油。如果在主减速器中加进 ATF，将导致主减速器烧毁。

更换 ATF 有两种方法：一是采用 ATF 交换机换油，二是人工换油。

 小提示

正常行驶情况下，不需要更换变速器油。连续极限工况下，如拖车牵引、环境温度 32℃ 以上或交通繁忙时，则行驶 8 万 km 时就需更换 ATF 和滤清器。

人工换油的操作要点为：①变速器达到正常工作温度；②起动车辆后来回操作换挡杆变换各挡位。更换 ATF 时使其达到正常工作温度和来回操作换挡杆变换各挡位的目的是：_____。

 小提示

（1）ATF 温度高，在更换 ATF 时一定要佩戴防护眼镜，以免被烫伤；
（2）在更换 ATF 过程中，注意不要使 ATF 洒落在地上，否则易使人滑倒；
（3）检查或更换 ATF 后，必须更换放油螺塞和溢流塞的密封圈；
（4）废弃的 ATF，应放置在专用的废油储存罐中统一环保处理。

 13. 查阅维修手册，做好节气门拉索检查与调整的准备工作，并按照工作步骤操作。

1）节气门拉索检查

使节气门阀控制的调节油压信号能正确反映发动机节气门的开度，能从最小开度准确运动到最大开度。

（1）目视检查。
①拉索有无破损；

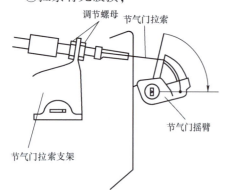

图 1-26 双调节螺母型拉索式

②拉索是否固定，有无弯折；
③拉索根部与变速器壳体的连接是否固定良好。

（2）手感试验法。节气门处于怠速位置，用手指按动拉索，检查拉索松紧是否合适。此外，根据不同形式的节气门拉索，还可以采用记号检查法和断开连接检查法。

2）拉索调整（双调节螺母型）

（1）将加速踏板踩到底，检查节气门是否处于全开位置；
（2）如图 1-26 所示，在节气门全开的情况下松开调整螺母，调整拉索套端部的位置，使其限位标记之间留空 1mm（具体数值根据车型参考维修手册），然后拧紧调整螺母。

 小提示

不同类型节气门拉索调节的过程不同，要查阅维修手册，按维修手册的要求调整。

节气门拉索过松或过紧对换挡有何影响？

节气门拉索过松：_____
_____。

节气门拉索过紧：_____
_____。

14. 查阅维修手册，做好换挡连杆机构检查与调整的准备，按照工作步骤操作。

如图1-27所示，换挡机构将自动变速器换挡信号传给变速器液压控制系统的手动阀，完成传递换挡执行命令。

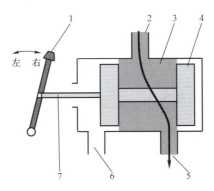

图1-27 手控阀示意图
1-手动换挡杆；2-A口；3-液压油；4-手动阀；5-B口；6-C口；7-连动杆或拉索

在自动变速器中，手动阀是一个液压换向阀，通过换向阀的移动，改变油路的通道，将液压油送至选择挡位的相关元件。

1）换挡连杆机构的检查
（1）将换挡杆依次从P位拨到各个挡位；
（2）检查换挡杆拨动是否平顺；
（3）看能否达到正确的位置和定位的感觉；
（4）检查仪表指示灯是否正确指示各挡位；
（5）起动发动机，确认当换挡杆从N位换到D位时，车辆应向前移动，当切换到R位时，车辆应后倒。

2）换挡连杆机构调整
（1）根据相应车型维修手册数据要求和步骤进行调整；
（2）拆下换挡杆手柄与手动阀摇臂之间的连杆；
（3）将手动阀摇臂拨至空挡位置；
（4）将手动阀摇臂向后拨至极限位置，即R位，然后再退回2格；
（5）将换挡杆手柄靠向R位；
（6）连接并固定换挡杆手柄与手动阀摇臂之间的连杆。

小提示

一般自动变速器的手控阀有7~10个位置，由于空间限制，两个位置之间的滑阀移动距离很小，如果换挡机构的连接出现误差和错乱，会使阀体不能正确进入各位置，导致系统油路通道变化错乱。

15. 查阅维修手册,找出空挡起动开关的安装位置,做好空挡起动开关检查与调整的准备,并按照工作步骤实施操作。

为保证汽车的使用安全性,防止错误操作造成安全事故,在自动变速器换挡连杆机构中设置了空挡起动开关,使汽车在P位和N位以外的其他挡位均不能起动发动机。常见的空挡起动开关是触点式开关,也有车型采用滑电电阻式等形式。正确的空挡起动开关位置应在P位和N位能起动发动机,其他位置不能起动;在P位时不能推动车辆,在N位时能够推动车辆。

调整过程:根据相应车型维修手册的数据进行调整,常见的情况有两种。第一种情况是调整时将自动变速器挡位开关外壳上的基准线与手动阀摇臂轴上的槽口对齐,第二种情况是将手动阀摇臂上的定位孔和挡位开关上的定位孔对准,如图1-28所示。

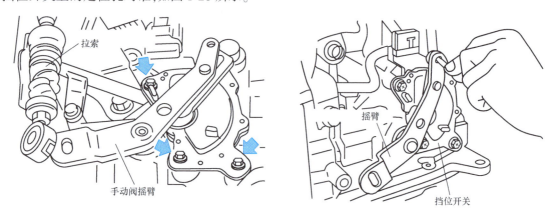

图1-28 空挡起动开关的检查和调整

你进行调整的空挡起动开关是_____方式。

小提示

当自动变速器置于除P位或N位之外的其他挡位,如出现发动机能正常起动,应松开空挡起动开关的固定螺栓,调整开关的位置。

设置空挡起动开关的目的是保证汽车只能在非驱动挡位起动,因此,在检查调整空挡起动开关前,必须保证挡位正确,同时空挡起动的电器线路也必须完好,否则进行空挡开关位置调整是无用的,甚至有危险。

16. 发动机怠速高低与哪些因素有关?如何检查发动机的怠速转速?

发动机怠速不正常,特别是怠速过高,会使自动变速器工作不正常,出现换挡冲击等故障。因此,在对自动变速器做进一步检查之前应先检查发动机的怠速转速是否正常。

1)常见的怠速控制方式

常见的怠速控制方式主要有两种基本类型:旁通控制式和节气门直动式。

其中旁通控制式运用比较普遍,主要有附加空气滑阀式、步进机电式、旋转滑阀式和占空比控制式。

2)检查发动机起动情况

(1)如图1-29所示,将车辆停放在平整的地面上,将换挡杆分别置于P位和N位;

(2)将点火开关转到OFF的位置;

学习任务1　自动变速器的正确使用和基本检查

（3）将点火开关转到START起动位置。

3）发动机怠速调整的准备工作

（1）检查空气滤清器安装是否良好；

（2）进气系统所有的管路和软管是否接好；

（3）所有附件（包括空调在内的用电器）是否均已关掉；

（4）所有的真空管路，如废气再循环（EGR）装置是否均已正确连接；

（5）电控燃油喷射系统的配线插接头是否完全接好；

（6）点火是否正确。

参阅维修手册，查看你进行实训车辆的怠速是_____r/min，起动空调后怠速为_____r/min。

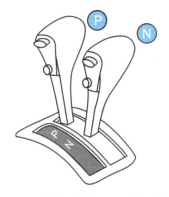

图1-29　换挡杆分别置于P位和N位

4）发动机怠速的调整

（1）检查调整时，应将自动变速器换挡杆拨至P或N位；

（2）起动发动机，放松加速踏板，待发动机声音正常，观察转速表指示的数值；

（3）通常装有自动变速器的汽车发动机怠速为750r/min；

（4）如怠速过高或过低，应检查怠速控制阀和进气装置，并予以调整。

 小提示

怠速状态下，换挡杆从N位进入D位，发动机转速稍降或汽车微振，均属正常。

分析怠速过高或过低的原因及对自动变速器换挡的影响。

(1)怠速过高的原因及影响。

原因：_____

_____。

影响：_____

_____。

(2)怠速过低的原因及影响。

原因：_____

_____。

影响：_____

_____。

三、评价反馈

1. 使用（维修）案例分析

故障症状：一辆帕萨特使用01N自动变速器，加了美孚自动变速器油，加油后在3挡和4挡换挡时出现换挡冲击，随后一年多的时间里维修人员采取了许多修理方法，甚至买了一台拆车件的01N自动变速器，把旧变速器的零部件换到新变速器内，但故障依旧。

故障排除：打开变速器油底壳上的检测孔，发现已堵塞，准备检查液面是否过高时，发现流出来的是红色的自动变速器油，而大众专用自动变速器油是黄色的，经询问得知错加了美孚自动变速器油。大众自动变速器必须使用大众专用自动变速器油。大众的自动变速器如没有按厂家规定的型号加注自动变速器油，会造成换挡冲击。特别是4挡急加速（减挡）时，会发生严重的换挡冲击。大众自动变速器原来加注的是美孚自动变速器油,后改用大众专用自动变速器油,同时控制单元也改写了自动变速器油的控制程序。自动变速器油的黏度、摩擦性等多种指标已经写入控制单元的程序中。如不按厂家规定的型号加油,不同公司的自动变速器就会产生不同的故障。大众自动变速器必须加大众专用自动变速器油(VWATF),如加了美孚自动变速器油,在4挡行驶中急剧改变车速时会发生换挡冲击。所以,自动变速器只能使用厂家规定的油。

解决办法:将自动变速器内80%~90%美孚自动变速器油放掉,加注大众自动变速器专用油后,故障即可排除。

(1)请简要说明自动变速器油有哪些重要性。

(2)查阅其他学习资料,说出上述使用的自动变速器油的型号及适用车型。

(3)查阅资料,分析自动变速器油不足或过量时会产生的故障现象。

2.学习自测题

1)选择题

(1)AW30-40LE自动变速器是由(　　)生产的。
　　A.丰田汽车公司　　　　B. AISIN公司　　　　C.德国ZF公司　　　　D.美国福特公司

(2)在自动变速器型号4L60E中的"E"表示(　　)。
　　A.生产商　　　　　　B.生产日期　　　　　C.电控　　　　　　　D.后驱

(3)和手动变速器一样,自动变速器也是通过改变(　　)来实现它的功能的。
　　A.传动比　　　　　　B.速度　　　　　　　C.功率　　　　　　　D.方向

(4)车辆停稳时,换挡杆应在(　　)位。
　　A. N　　　　　　　　B. P　　　　　　　　C. R　　　　　　　　D.任何位置

(5)如果自动变速器油变成乳白色,则表示自动变速器油里含有(　　)杂质。
　　A. 水　　　　　　　　B.汽油　　　　　　　C.金属屑末　　　　　D.灰尘

2)判断题

(1)当换挡杆置于P、N位时,均可以起动发动机。(　　)
(2)驾驶模式选择开关用来选择自动变速器是否具有超速挡。(　　)
(3)节气门开度信号和车速信号是自动变速器换挡的主要信号。(　　)
(4)自动变速器的D、2和L位均为前进挡,2与D位2挡的功能相同。(　　)
(5)自动变速器油常为红色或黄色,主要是为区分自动变速器油和发动机润滑油。(　　)

3)问答题

(1)换挡杆有哪几个位置？各位置的作用是什么？

(2)自动变速器由哪几部分组成？简述其工作过程。

3. 维修信息获取练习

(1)请根据实训具体车型,对自动变速器油液进行检查,将检查结果填写到表1-4,并分析油液变质原因。然后查阅维修手册,制订自动变速器油液的更换工作计划。

自动变速器油液检查　　　　　　　　　　　　　　　　　　　　表1-4

油 液 状 态	变 质 原 因
油液变为深褐色或深红色	
油液变为乳白色	
油液中有金属屑	
油尺上黏附胶质油膏	
油液有烧焦气味	

(2)查阅丰田卡罗拉或一汽大众宝来车型维修手册,除一般检查与调整项目外,还有哪些外部机构会对自动变速器的换挡产生影响？应怎样进行调整？请写出检查步骤。

4. 学习目标达成度的自我检查(表1-5)

自　我　检　查　表　　　　　　　　　　　　　　　　　　　　表1-5

序号	学习目标	达成情况(在相应的选项后打"√")		
		能	不能	如果不能,是什么原因
1	分辨自动变速器的形式和查找自动变速器的识别码			
2	叙述自动变速器的组成,并能简单叙述自动变速器的换挡原理			
3	在教师的指导下,能够制订自动变速器的基本检查和调整工作计划			
4	根据不同的自动变速器正确选用ATF,在教师指导下,能进行ATF油量和油质的检查,并能正确分析油液状况的故障			
5	在小组合作的基础上,查阅维修资料,正确选择和使用维修设备,在教师指导下进行自动变速器基本检查和调整			

5. 日常表现性评价(由小组长或者组内成员评价)
(1) 工作页填写情况。(   )
　　A. 填写完整　　　　　　B. 缺失 0~20%　　　　C. 缺失 20%~40%　　　D. 缺失 40% 以上
(2) 工作着装是否规范？(   )
　　A. 穿着校服(工作服)，佩戴胸卡　　　　　　B. 校服或胸卡缺失一项
　　C. 偶尔会既不穿校服又不戴胸卡　　　　　　D. 始终未穿校服、佩戴胸卡
(3) 能否主动参与工作现场的清洁和整理工作？(   )
　　A. 积极主动参与 5S 工作　　　　　　　　　　B. 在组长的要求下能参与 5S 工作
　　C. 在组长的要求下能参与 5S 工作，但效果差　D. 不愿意参与 5S 工作
(4) 是否达到全勤？(   )
　　A. 全勤　　　　　　　　　　　　　　　　　B. 缺勤 0~20%(有请假)
　　C. 缺勤 0~20%(旷课)　　　　　　　　　　　D. 缺勤 20% 以上
(5) 总体印象评价。(   )
　　A. 非常优秀　　　　　B. 比较优秀　　　　　C. 有待改进　　　　　D. 急需改进
(6) 其他建议：

小组长签名：_____　　　　　　　　　　　_____年_____月_____日

6. 教师总体评价
(1) 对该学生所在小组整体印象评价。(   )
　　A. 组长负责，组内学习气氛好
　　B. 组长能组织组员按要求完成学习任务，个别组员不能达到学习目标
　　C. 组内有 30% 以上的学员不能达到学习目标
　　D. 组内大部分学员不能达到学习目标
(2) 对该学生整体印象评价：
_____
_____
_____。

教师签名：_____　　　　　　　　　　　_____年_____月_____日

> **学习拓展**
>
> **(一) 无级自动变速器(CVT)**
> 　　目前，汽车上采用的变速器普遍有自动变速器和手动变速器两种，它们的主要特点是传动比均不能连续变化，汽车在换挡过程中，发动机转速在较大范围内波动，理想的汽车变速是传动比能够连续变化的无级变速器(Continuous Variable Transmission，CVT)。CVT 是真正无级化了，它的优点是质量小、体积小、零件少，与 AT 相比具有较高的运行效率，油耗较低。CVT 将是自动变速器的发展方向。国内目前有多款车型装备了 CVT，如东风日产天籁、轩逸、奇骏，一汽大众奥迪，广汽本田飞度等。
> 　　无级变速器与有级式变速器的主要区别在于：它的传动比不是间断的，而是一系列连续的值。

无级变速器一般也是由变速器、电子控制系统和液压控制系统三部分组成。CVT结构比传统自动变速器简单,体积更小,它既没有手动变速器的众多齿轮副,也没有自动变速器复杂的行星齿轮组,它主要靠主、从动轮和金属带或滚轮转盘来实现传动比的无级变化。都是利用两个或者两个以上的摩擦面传递动力,而速度的改变是透过摩擦面接触的半径来进行的,即发动机转速保持不变,仍可以通过改变半径来达到改变车轮转速的目的。

常见的CVT有钢带式和滚轮转盘式两种。

1. 钢带式CVT

如图1-30所示的CVT是带轮和钢带的组合,取代常规的齿轮装置传递动力,主要部件包括主动轮组、从动轮组、金属带和液压泵等基本部件。

金属带由两束金属环和几百个金属片构成。主动轮组和从动轮组都由可动盘和固定盘组成,与油缸靠近的一侧带轮可以在轴上滑动,另一侧则固定。可动盘与固定盘都是锥面结构,它们的锥面形成V形槽来与V形金属传动带啮合。发动机输出轴输出的动力首先传递到CVT的主动轮,然后通过V形传动带传递到从动轮,最后经减速器、差速器传递给车轮来驱动汽车。工作时通过主动轮与从动轮的可动盘作轴向移动来改变主动轮、从动轮锥面与V形传动带啮合的工作半径,从而改变传动比。可动盘的轴向移动量是由驾驶人根据需要通过控制系统调节主动轮、从动轮液压泵油缸压力来实现的。由于主动轮和从动轮的工作半径可以实现连续调节,从而实现了无级变速。

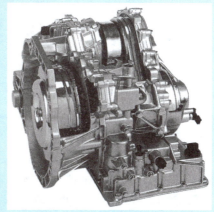

图1-30 钢带式CVT

2. 滚轮转盘式CVT

滚轮转盘式CVT可用来传递更大的功率和转矩,适用于发动机较大排量的汽车上,如图1-31所示。这种CVT使用转盘和滚轮的接合传递驱动转矩并改变传动比。它通过移动动力滚轮改变传动比,输入转盘给动力滚轮及时施加作用力,所以这种CVT对传动比变化的反应比钢带式CVT更快,从而使驾驶人加速器实现输入的传动比呈线性变化。发动机动力传递到一个输入转盘,输入转盘的旋转运动把动力传递到滚轮,再经滚轮传递到输出转盘。通过连续改变动力滚轮的倾斜角度,CVT执行平顺而连续的传动比变化。当输出转盘的圆较大时,输出转盘的旋转比输入转盘慢,这相当于传统变速器的低挡。反之,输出转盘的圆较小时,输出转盘的旋转比输入转盘快,这相当于传统变速器的高挡。

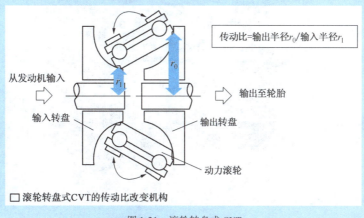

图1-31 滚轮转盘式CVT

(二)直接换挡变速器(DSG)

DSG 是目前世界上很先进的变速器系统,DSG 最大的特点在于它采用了双离合器,如图 1-32 所示。DSG 工作原理同 DCT 双离合器变速器。

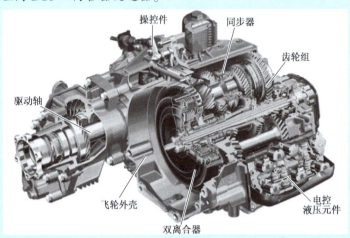

图 1-32 DSG

DSG 与一般的变速系统不同,它是基于手动变速器,而不是自动变速器。手动变速器要比自动变速器的效率高很多,而 DSG 除了同时拥有手动变速器的灵活和自动变速器的舒适外,更能够提供无间断的动力输出。传统的手动变速器在踩下离合器踏板的时候,动力的输出就出现了间断,而普通的自动变速器也不是没有离合器,而是离合器改由电脑控制,在换挡的时候也会出现动力中断的问题。DSG 具有 6 个(或 7 个)前进挡和 1 个倒挡,它利用双重的多片式离合器设计和不同自动换挡方案,提供无间断的动力输出,由此大幅度降低了车辆的燃油消耗,颠覆了自动变速器比手动变速器更耗油的传统观念。

DSG 内有两台自动控制的离合器,在某一挡位时,离合器 1 接合,一组齿轮啮合输出动力,在接近换挡时,下一组的齿轮已被预选,而与之相联的离合器 2 仍处于分离状态;在换入下一挡位时,处于工作状态的离合器 1 分离,将使用中的齿轮脱离动力,同时离合器 2 啮合已被预选的齿轮进入下一挡。在整个换挡期间,两组离合器轮流工作,确保最少有一组齿轮在输出动力,令动力没有出现间断的状况,如图 1-33 所示。

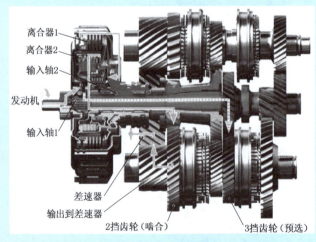

图 1-33 DSG 传动机构

学习任务 2　液力变矩器的检修

学习目标

完成本学习任务后,你应当能:
1. 叙述液力变矩器的主要组成部分及其作用;
2. 分析液力变矩器的工作过程和故障原因;
3. 叙述锁止离合器的组成部分及其作用;
4. 分析锁止离合器的工作过程和产生故障的原因;
5. 在教师的指导下,查阅维修资料获取液力变矩器的诊断和检查方法,实施检修。

建议完成本学习任务为 6 学时

内容结构

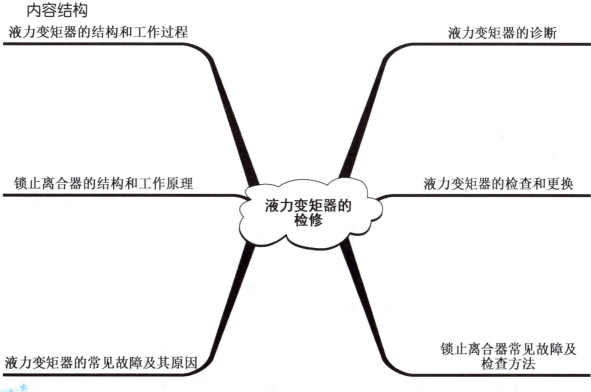

学习任务描述

车辆出现起步无力的故障,已确定自动变速器的电子控制系统和液压控制系统工作正常,请你检查自动变速器其他机构,确诊损坏元件,按要求进行维修。

液力变矩器是动力传递的重要组成部分,车辆的很多故障与液力变矩器的故障有关,如汽车起步无力、加速不良和出现异响等。液力变矩器是一密封体,只有专业的维修设备才能对其进行解体检修。目前,一般汽车维修企业不具备这种条件,因此,也不对液力变矩器进行修理。维修时,判断液力变矩器总成有无故障有两种途径:一是通过故障现象判断;二是将液力变矩器拆下,利用简单的试验与检查方法判断。

一、学习准备

 1. 手动变速器中的离合器会出现打滑的现象,那么,自动变速器中的液力变矩器是否会出现类似情况呢?

发动机动力不足、离合器打滑或自动变速器故障均会导致车辆出现起步无力的故障。手动变速器中,发动机转矩通过离合器传递到手动变速器。如图 2-1 所示,配置自动变速器的车辆中取消了离合器,由_____取而代之。发动机动力经液力变矩器传递给自动变速器。液力变矩器是一个呈环形的密封装置,工作时其内部充满的工作油液(ATF)将发动机动力平稳地传递到自动变速器输入轴,输入轴再将动力传递到齿轮传动装置。

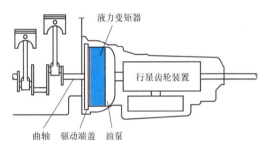

图 2-1 液力变矩器的安装位置图

二、计划与实施

 2. 结合实物和图 2-2 认识液力变矩器结构。

图 2-2 液力变矩器结构图

 3. 结合机械式离合器相关知识,试分析液力变矩器的各组成部分在传动系统中的连接关系。

如图 2-1 所示,液力变矩器安装在自动变速器和发动机之间,发动机动力通过_____传送到自动变速器。通过观察图 2-3,结合图 2-1 和图 2-2 所示,液力变矩器与_____,_____以及_____都有相应的连接点,泵轮和壳体通过螺栓直接连接在发动机飞轮上,涡轮通过花键连接在自动变速器的输入轴上,液力变矩器壳的后毂装入自动变速器油泵内驱动油泵,导轮固定在_____,请在实物上找出这些位置的连接点。

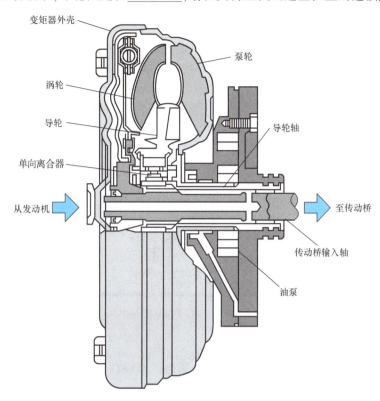

图2-3 液力变矩器动力传递图

 4.机械式离合器是通过压盘和摩擦盘之间的静摩擦力来传递动力的,液力变矩器又是如何实现动力传递的呢?

泵轮和涡轮的形状就像一个圆环的两半,泵轮和涡轮上面均铸造有由其中心向外径呈辐射状的叶片,壳体与泵轮密封焊接为一体,涡轮在密封体内与泵轮相向布置,内部充满工作油液(ATF)。

如图2-4所示,电扇A与电扇B相对放置,中间隔开几厘米,电扇A通电,电扇B不通电,此时,电扇B_____(能/否)转动。其原因是电扇A转动时,在两电扇间产生流动的空气,由电扇A产生的_____冲击电扇B的叶片。电扇A与电扇B的动力传送是以_____实现的。液力变矩器工作时,壳体密封并充满_____。其中泵轮为主动件,相当于电扇_____;涡轮为从动件,相当于电扇_____。这样就实现了动力的传递。

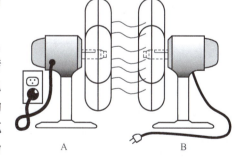

图2-4 液力耦合器工作原理的模型

 小提示

如图2-4所示液力耦合器工作原理,这样只有泵轮、涡轮和封闭的壳体构成,而没有导轮的装置被称为液力耦合器。该装置只能传递动力,不能增大转矩,如今汽车上已不再采用这一装置。

5. 液力变矩器能起到传递动力和增大转矩的作用,车辆起步无力的故障与液力变矩器是否有关呢?

　　液力变矩器在工作时,如果工作油液从泵轮沿周边流到涡轮,然后由中间回流到泵轮,当工作液压油回流到泵轮时,其流动方向与泵轮的转动方向相反,此时液体作用在泵轮叶片的正面,阻碍了泵轮转动,从而降低了传动效率。因此,这样就不能达到增大转矩的目的,要想实现增大转矩,就必须改变回流到泵轮的流动方向。如图2-5所示,分析液力变矩器是如何实现增大转矩的。

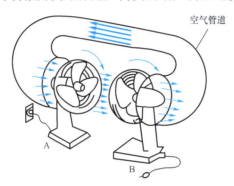

图2-5　液力变矩器工作原理的模型

学习拓展

结合图2-6和图2-7,区别液力耦合器油液的圆周流动和循环流动。

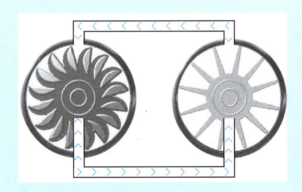 

　　图2-6　液力耦合器工作原理的示意图　　　　图2-7　液力耦合器中液体的流动

　　液力耦合器工作时内部液体发生圆周流动和循环流动两种流动。这两种不同的流动相互复合而产生的流动,取决于泵轮与涡轮的转速差。

　　环流是指圆周流动的方向与泵轮的转动方向一致时,由泵轮叶片的圆周运动推动工作油液形成的流动。

　　循环流动,又称涡流,指工作油液由泵轮流向涡轮,后又流回泵轮,在泵轮与涡轮叶片之间形成油流的循环运动,发生循环流动的前提是泵轮与涡轮存在转速差异。

　　液力耦合器内部工作油液可同时发生环流和循环流动两种流动。当泵轮转速高,涡轮因负荷大转速低时,液力耦合器内的工作油液以涡流为主;负荷减少,涡轮转速升高,工作油液的圆周流动增大,此时,以环流为主。

　　汽车刚起步时,液力耦合器内的油流以涡流为主;汽车车速增高,圆周运动也随之升高,汽车高速行驶时,液力耦合器内的工作油液以环流为主。

6. 如图 2-8 所示,导轮是如何实现改变转矩输出的?

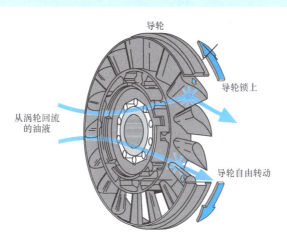

图 2-8　导轮单向离合器的作用

 小提示

如图 2-8 所示,单向离合器的作用是使导轮只能一个方向旋转,而另一个方向锁止不动(大部分导轮是顺时针方向可旋转,逆时针方向不可旋转)。

如图 2-9 所示,当回流工作油液作用在导轮叶片的正面时,导轮_____(能/不能)转动,此时,工作油液的方向_____(能/不能)改变。

如图 2-10 所示,当回流工作油液作用在导轮叶片的背面时,导轮_____(能/不能)转动,此时工作油液的方向_____(能/不能)改变。

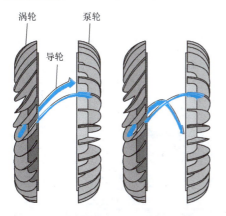 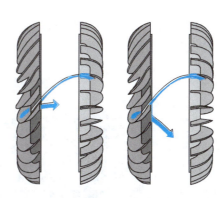

图 2-9　导轮改变工作油液方向的状况　　　　图 2-10　导轮不改变工作油液方向的状况

液力变矩器工作时液体发生圆周流动和循环流动,随泵轮与涡轮的转速差值变化,两种流动的强度发生变化,出现不同的工况,使油液合力方向发生变化。

如图 2-11a)所示,当工作油液的回流方向作用在导轮叶片的正面时,导轮受单向离合器作用不能逆时针转动,改变了工作油液方向,使其作用在泵轮叶片背面,产生增大转矩作用。

如图2-11b)所示,当工作油液的回流方向作用在导轮叶片的背面时,导轮顺时针转动,不能改变液流的方向,此时输出的转矩不变。

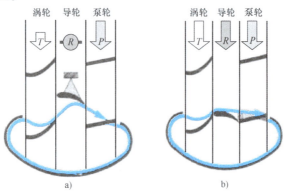

图2-11 液力变矩器的变矩原理

液力变矩器中导轮的单向离合器产生的故障有哪些?
(1)若导轮总成在两个方向均能自由旋转,车辆将会出现_____故障。
(2)若导轮总成一直保持在锁止状态(两个方向均不能转动),车辆将会出现_____故障。

7. 在液力变矩器中,如何改善液压传动能量损耗大的状况?

液力变矩器采用锁止离合器(TCC)可以改善液压传动能量损耗大的状况。这是因为采用锁止离合器(TCC)的液力变矩器可以使汽车在某些工况下实现发动机与自动变速器的直接机械传动,改善汽车的燃油经济性和降低自动变速器工作油液的温度,进而减少液力变矩器的能量损耗(机械传动损失和热量散失)。

小提示

液力变矩器传动过程中发生的能量损耗有两种:一是液力变矩器的传动损失;二是泵轮与涡轮之间存在转速差。能量损耗主要是以热的形式散失,高达10%发动机能量因此而损耗掉。

图2-12所示为锁止离合器(离合器总成)在液力变矩器中的位置。锁止状态时,液力变矩器可以实现发动机与自动变速器的直接机械传动。

图2-12 锁止离合器的位置

如图 2-13 所示,锁止离合器位于涡轮前端,由锁止活塞、减振盘和涡轮传动板组成,锁止离合器前面和其相对应的外壳周围均有摩擦材料。

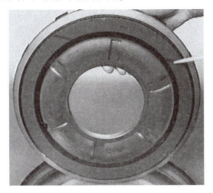

图 2-13 锁止离合器的结构

8. 液力变矩器的锁止离合器处于接合或分离状态时,其动力是如何传递的?

如图 2-14 所示,控制系统的开启或关闭可以使不同方向的液压油作用在锁止离合器的前面或后面,进而使锁止离合器处于接合或分离状态。

图 2-14a)所示为锁止离合器的分离状态,动力传递路线为:发动机→_____→变矩器壳体→_____→_____→涡轮轮毂→_____。

图 2-14b)所示为锁止离合器的锁止状态,动力传递路线为:发动机→_____→变矩器壳体→_____→涡轮轮毂→_____。

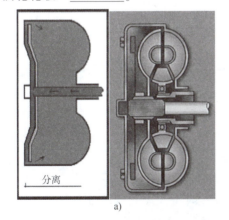
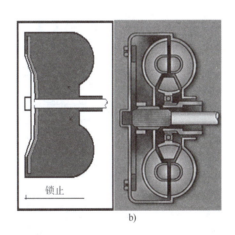

图 2-14 锁止离合器的工作过程
a) 分离状态;b) 锁止状态

学习拓展

(1) 如图 2-15 所示,当涡轮的转速接近泵轮转速的 85% 时,液力变矩器转入耦合点(耦合器工作状况),液力变矩器的传动效率和输出转矩将会大幅下降。

(2) 锁止离合器的控制形式。

① 如图 2-16 所示,早期的简单液压控制系统只有在自动变速器处于高速挡和超过某一设定车速时,才能使锁止离合器接合。

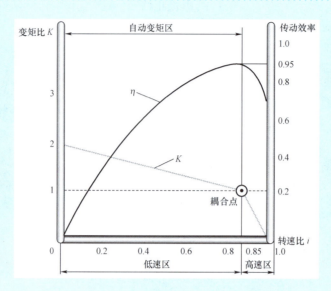

图 2-15 液力变矩器效率曲线图(不带 TCC)

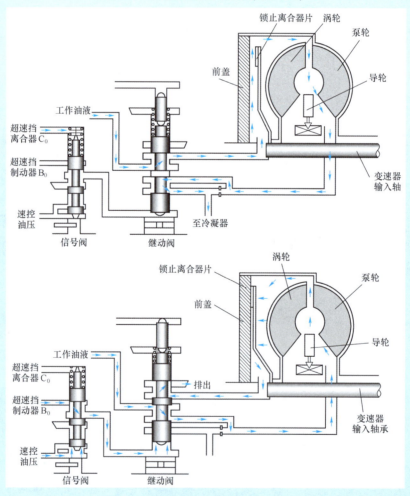

图 2-16 液压控制的锁止离合器

②采用电控形式的锁止离合器可以提高液力变矩器的传动效率,使锁止离合器在任何时候都能接合。图 2-17 所示为一个锁止电磁阀和锁止控制阀控制的锁止离合器。

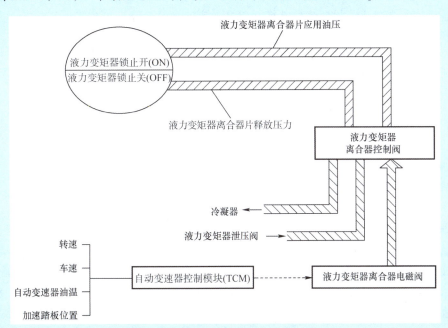

图 2-17　电子控制锁止离合器的工作原理

为获得最佳的综合性能和燃油经济性,部分自动变速器由两个锁止电磁阀控制,一个是开关式锁止电磁阀,另一个是占空比式锁止电磁阀(PWM 可调式锁止电磁阀)。电子控制系统通过改变脉冲宽度不断改变电磁阀的接通和闭合时间,从而控制锁止离合器的滑动程度,实现完全分离状态到完全接合状态之间的各种变化,包括完全分离、部分锁止、半锁止和完全锁止等锁止状态。

电控系统根据各种传感器提供的信号适时精确地控制锁止离合器的接合或分离,典型的锁止离合器接合条件有:

冷却液温度不得低于设定温度;

驻车挡/空挡开关必须指示自动变速器处于行驶挡;

制动开关必须指示没有进行制动;

车速必须高于设定车速;

节气门位置传感器的信号必须高于最低电压,即表示节气门处于开启状态。

 9. 查阅维修资料,小组成员共同确定以下失速测试的操作步骤是否正确？并在教师指导下,按照工作计划完成失速测试,确定故障部位。

在自动变速器的测试中,失速测试十分重要。这是因为失速测试能测试出变矩器、变速器零部件或发动机故障。

 小词典

失速:指涡轮固定不动而泵轮仍在旋转的工况。

失速转速:当涡轮处于静止状态时发动机所能达到的最高转速。大多数液力变矩器的失速转速处于1200~2800r/min。一般配用较低功率发动机的液力变矩器失速转速较高,而配用较高功率发动机的液力变矩器失速转速较低。

失速测试:通过失速测试获得失速转速可判断自动变速器的故障。

如果自动变速器和发动机工作正常,发动机则可达到该车型设计的失速转速。如果转速高于或低于设定的转速,则自动变速器、液力变矩器或发动机可能存在故障;如果变矩器诊断有故障,应进行维修、翻新或更换。

小提示

为防止失速测试对自动变速器的损耗,必须遵循以下原则:
(1)带有废气涡轮增压的发动机不能进行失速测试;
(2)在失速测试中,节气门全开时间不得超过5s;
(3)再次做失速测试时,与上次失速测试必须间隔1min以上;
(4)对于使用电子节气门的车辆不能进行失速测试;
(5)测试完毕,要使发动机怠速运行几分钟,使自动变速器中的ATF在发动机熄火前能冷却下来;
(6)如能准确判断故障的话,尽量不要做失速测试,以免对自动变速器造成不必要的损耗;
(7)必须在空旷的场地进行失速测试,测试时,确保车辆前后方没有任何人,以免发生意外时造成人身伤亡事故(为确保安全该测试可将车辆在举升机上举升后进行)。

1)失速测试的参考操作步骤
(1)检查ATF和发动机机油的液面高度,如有必要,则添加ATF或机油。
(2)如图2-18所示,驾驶车辆行驶约10min或使ATF和机油达到工作温度。
(3)如图2-19所示,拉紧驻车制动器操纵手柄,将车轮塞住。

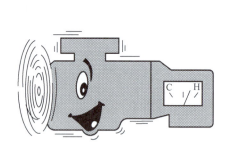
图2-18 油温示意图

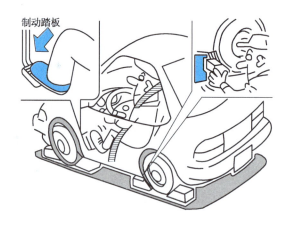
图2-19 制动示意图

(4)在测试过程中,将转速表安装在驾驶人能够看到的位置(可考虑在指示器上标出发动机的规定转速)。
(5)如图2-20所示,起动发动机,踩下制动踏板,将换挡杆转到D位。
(6)踩下制动踏板,同时逐渐踩下加速踏板,直至节气门全开。

(7) 如图 2-21 所示,迅速记录发动机的失速转速并立即释放加速踏板,测试过程中,节气门完全打开状态不要超过 5s。

(8) 如图 2-22 所示,将自动变速器换挡杆转至 N 位。

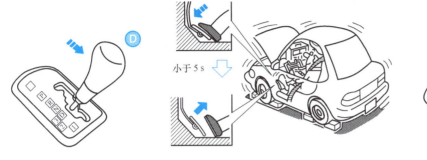

图 2-20 挡位示意图　　图 2-21 测试发动机失速转速示意图　　

图 2-22 挡位示意图

(9) 发动机怠速运转至少 3min,使 ATF 油冷却。

(10) 将自动变速器换挡杆分别拨至 2、1 和 R 位,重复步骤 (5)~(9)。

2) 失速测试的结果分析与判断 (表 2-1)

若导轮的单向离合器打滑,其失速转速低于规定值的原因是_____
_____
_____
_____
_____。

失速测试的判断　　　　　　　　　　　　　　表 2-1

失速转速	可能原因	故障特点
高于规定值	该挡位相应的离合器打滑	
低于规定值	发动机动力不足(通常失速转速低于规定值一点)	任何车速、工况都动力不足
	变矩器导轮的单向离合器打滑(通常失速转速低于规定值 250~400r/min)	起步无力,中高速正常
符合规定值	变矩器导轮的单向离合器被卡住	汽车加速不良

 小提示

尽管正常的失速测试会产生很大的噪声,但如果在测试中听到金属声,就要诊断该噪声的来源。

 10. 通过失速测试已经确定故障是由液力变矩器引起,需进行更换。查阅维修资料,查找液力变矩器型号代码,确定液力变矩器的拆卸工作步骤,并按计划实施操作。

如图 2-23 和图 2-24 所示,不同型号的液力变矩器由不同的代码标记。换用新的液力变矩器必须确保其型号与原液力变矩器相同,避免产生严重故障。

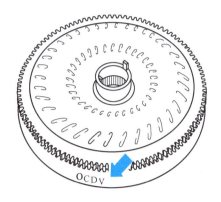 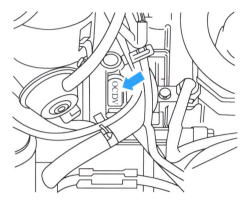

图 2-23　01M 液力变矩器标记　　　　　　图 2-24　01M 液力变矩器代码

小提示

液力变矩器的输出转矩须与发动机的最大输出转矩相匹配。若匹配不当,则不能充分发挥发动机的输出转矩性能,降低其使用效率,增加油耗,使发动机转动时发生抖动,甚至使其无法转动。液力变矩器输出转矩与发动机的最大输出转矩的匹配规律如下:

(1) 应严格按厂家规定使液力变矩器与发动机相匹配;
(2) 液力变矩器的直径越大,转矩随转速的变化越快;
(3) 发动机的最大转矩越大,其使用的液力变矩器直径应越大。

你所维修的液力变矩器的型号代码是 _____。

不同车型的自动变速器拆卸方法有所不同。一般是先关闭汽车的点火开关,拆下蓄电池搭铁线,放掉自动变速器内的液压油,然后按下列步骤进行拆卸:

(1) 拆下自动变速器节气门拉索,拔下自动变速器上的所有线束插头,拆除车速表软轴、ATF 加注管、散热器油管、操纵手柄和手动阀摇臂的连接杆等与自动变速器连接的零部件。
(2) 拆除排气管中段、自动变速器下方的护罩和护板。
(3) 松开传动轴与自动变速器输出轴的连接螺栓,拆下传动轴。
(4) 拆下飞轮壳盖板,用螺丝刀撬动飞轮,逐个拆下飞轮与变矩器的连接螺栓。
(5) 拆下起动机。
(6) 如图 2-25 所示,拆下自动变速器与车架连接支架,用千斤顶托住自动变速器。

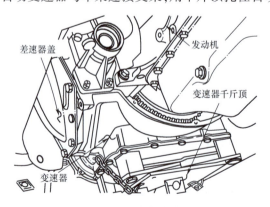

图 2-25　用千斤顶托住自动变速器

（7）拆下自动变速器和飞轮壳的连接螺栓，同时抬下液力变矩器和自动变速器，抬下自动变速器时，应扶住液力变矩器以防滑落。

（8）在拆卸前驱自动变速器时，应先拆除自动变速器上方蓄电池、空气滤清器和进气歧管等相关部件，同时还应拆去前轮的左右半轴。

小提示

（1）拆卸前注意车辆的音响有无密码，如有应先取得密码，然后再拆开蓄电池的负极线。
（2）拆卸时应支撑好发动机，以防止拆下自动变速器后下垂而损坏相关部件。
（3）拆卸过程中，对易混淆处（如两个传感器的接插头）应做好标记。
（4）拆卸后，为防止车辆移动时损坏零件，应处理好与自动变速器连接的零部件，如封堵好冷却油管、捆扎好线和管等。

11. 查阅维修资料，小组成员共同确定液力变矩器的检修方法，并按计划实施操作。

在维修液力变矩器时，可通过分析的方法判断其是否存在故障，也可从车上拆下液力变矩器，利用一些简单的测试与检查方法判断液力变矩器有无故障。

（1）如图2-26所示，液力变矩器的外部基本检查：螺栓有无松动、有无漏油现象、液力变矩器轮毂轴颈摆动情况、液力变矩器是否变形和轮毂的导入轨迹状况。

（2）如图2-27所示，导轮的单向离合器检查：固定导轮叶片，再转动单向离合器内圈，看是否能向一个方向灵活自由地转动，而向另一个方向转动时能锁止。

（3）如图2-28所示，液力变矩器涡轮轴向间隙的检测：间隙过大，使涡轮、泵轮和导轮发生干扰发生故障，或即使无干扰也会降低传递效率。

（4）如图2-29所示，变矩器内部运动的干扰检查：液力变矩器中，泵轮、导轮、涡轮之间应能够相互独立地灵活运动，否则，会相互碰撞而产生噪声，甚至损坏液力变矩器。

（5）检查液力变矩器锁止离合器摩擦材料与锁止能力。

（6）清洗液力变矩器：ATF污染表现为油中含有来自多片离合器磨耗所产生的金属粉末。

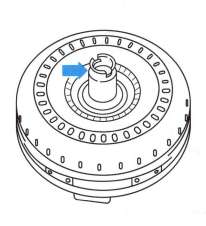

图2-26 液力变矩器外部的检查

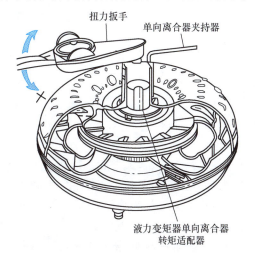

图2-27 导轮单向离合器的检查

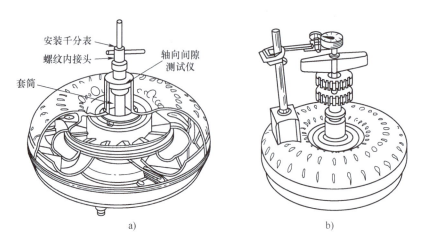

图 2-28 涡轮轴向间隙的检测方法
a) 涡轮轴向间隙检测组件；b) 涡轮轴向间隙检测

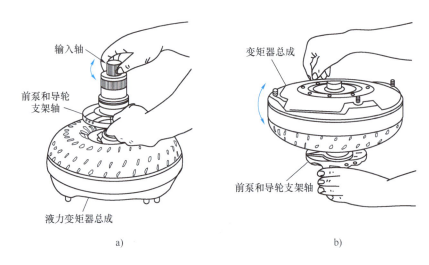

图 2-29 液力变矩器内部运动干涉的检查
a) 涡轮运动干涉的检查；b) 泵轮运动干涉的检查

12. 根据液力变矩器拆卸的相反步骤安装液力变矩器，并按要求进行安装检查。

小提示

液力变矩器安装前应保证：

(1) 壳体定位销应齐全、无变形和无挤伤。

(2) 支架、支撑缓冲胶应无断裂、无变形、无松动和无反装。

(3) 飞轮螺纹应没有滑扣及滑丝现象，飞轮齿圈不应有损坏，飞轮的跳动量应符合要求（径向圆跳动量超过 0.3mm 会损坏前油封或铜套）。

(4) 散热油管无打折或扭曲、无严重堆焊、无堵塞或泄漏和无交叉接反。

(1) 安装自动变速器前,密封环必须涂 ATF,使用其他润滑材料将导致自动变速器的控制功能出现故障,图 2-30 所示为液力变矩器的密封环。

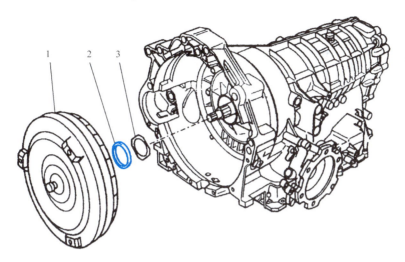

图 2-30 液力变矩器的密封环
1-液力变矩器;2-密封环(更换);3-轴承套(密封环后面,损坏时更换)

(2) 图 2-31 所示为液力变矩器油封的拆卸,将自动变速器拆下并固定在装配支架上,专用工具放到密封环上,以免下面轴承环受损。

(3) 图 2-32 所示为检查液力变矩器轴套的径向圆跳动量。将液力变矩器安装在发动机飞轮上,用千分表检查液力变矩器轴套的径向圆跳动量:如果在飞轮转动一周的过程中,千分表指针偏摆大于 0.03mm,则应采用转换角度重新安装的方法予以校正,并在校正后的位置上作标记,以保证安装正确;若无法校正,则应更换液力变矩器。

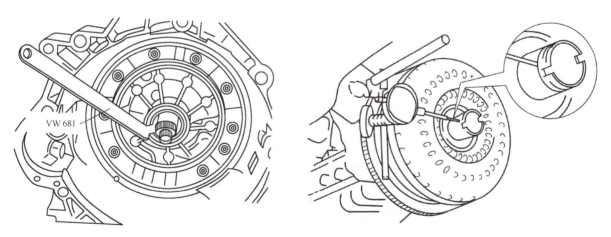

图 2-31 拆卸液力变矩器油封　　　　　图 2-32 液力变矩器轴套径向圆跳动量的检查

(4) 图 2-33 所示为液力变矩器油封的安装。在密封环外沿和唇口涂 ATF,用专用工具压入密封环。安装液力变矩器油封时,密封环张开侧应指向自动变速器。

(5) 液力变矩器的安装。先装入轮毂,然后将液力变矩器轻轻向里旋转,直到液力变矩器轮毂的槽进入到泵轮的接合杆中,能感到液力变矩器往里滑。如图 2-34 所示,如果液力变矩器安装正确,则自动变速器固定面到液力变矩器槽面距离符合要求。

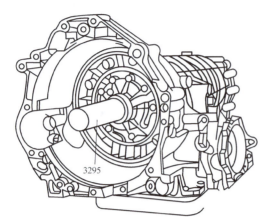

图2-33 安装液力变矩器油封

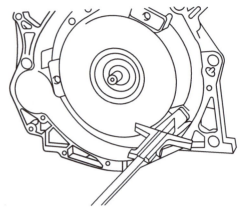

图2-34 测量自动变速器固定面到液力变矩器槽面距离

小提示

安装时,在自动变速器与发动机对接的过程中,千万不可摇晃动作过大,以防止液力变矩器错位而造成接合杆及自动变速器油泵损坏。

在拧紧自动变速器前壳体螺栓前,务必确认液力变矩器可轻松转动。

三、评价反馈

1. 使用(维修)案例分析

(1)根据所学知识,分析液力变矩器在哪些情况下应予以更换?

(2)锁止离合器常见故障的原因和锁止离合器工作状况的检查。

如图2-35所示,自动变速器液力变矩器中的锁止离合器工作是否正常可以采用道路测试的方法进行检查。测试中,让汽车以高于80km/h的车速行驶,并让节气门开度保持在低于1/2的位置,使液力变矩器进入锁止状态。此时,快速将加速踏板踩下使节气门至2/3开度,同时检查发动机转速的变化情况。若发动机转速没有太大的变化,说明锁止离合器处于接合状态;反之,若发动机转速升高很多,则表明锁止离合器没有接合,其原因通常是锁止控制系统有故障。

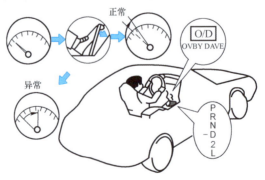

图2-35 检查锁止离合器工作

①车辆制动,发动机熄火的原因:锁止离合器处于长锁止状态或_____
_____。
②汽车的油耗增高的原因,可能是液力变矩器锁止离合器不工作。因为锁止离合器工作时动力是通过_____传动方式,从发动机传至自动变速器;而在锁止离合器不工作时,动力是通过_____传动方式从发动机传至自动变速器。机械传动的动力功率损失要比液力传动的液力损失_____(多/少),油耗更(高/低)。
③锁止离合器接合振动、异响的原因:_____
_____。

(3)目前广泛采用的液力变矩器是单级双相三元件闭锁式综合液力变矩器,你如何理解?
单级是指只有_____个的动力输出元件。
双相是指工作时具有_____和_____的两种状态。
三元件是指液力变矩器由_____、_____和_____三个元件组成。
闭锁式是指具有_____的功能。

2. 学习自测题
1)填空题
(1)自动变速器的油泵工作是被液力变矩器的_____直接驱动,只要_____运转,油泵就会泵油。
(2)锁止式液力变矩器的特殊装置是锁止离合器,其作用是在较高车速状态下,能将_____和_____锁成一体,明显地提高车辆行驶的_____。
(3)液力变矩器中,导轮是通过_____装于固定不动的轴上。
(4)在自动变速器中,液力变矩器的泵轮和涡轮转速差值越大,则输出转矩_____。

2)判断题
(1)泵轮与液力变矩器的壳体是刚性连接的。 (   )
(2)液力变矩器可以在一定范围内无级地改变转矩和传动比。 (   )
(3)发动机不工作时,油泵不泵油,自动变速器内无控制油压。 (   )
(4)当车速低时,锁止离合器应处于分离状态。 (   )
(5)液力变矩器之所以能起变矩作用,是由于在结构上比液力耦合器多了一个固定不动的导轮。
 (   )
(6)当液力变矩器中的涡轮转速增大到与泵轮转速相等时,液力变矩器的输出转矩增大。 (   )
(7)失速转速是当涡轮处于静止时,发动机所能达到的最高转速。 (   )

3)选择题
(1)甲说:液力变矩器单向离合器打滑会造成汽车低速时加速不良。乙说:液力变矩器单向离合器卡滞会造成汽车中高速时加速不良。(   )
    A. 甲正确   B. 乙正确   C. 两人都正确   D. 两人都不正确
(2)甲说:液力变矩器闭锁离合器的控制故障通常是电控系统造成的。乙说:绝大部分液力变矩器的闭锁离合器是靠液压锁止的。(   )
    A. 甲正确   B. 乙正确   C. 两人都正确   D. 两人都不正确
(3)甲说:液力变矩器故障只会引起汽车低速时加速不良。乙说:液力变矩器不能进入锁止工况或支撑导轮的单向离合器打滑都会造成汽车中高速时加速不良,车速会上不去。(   )
    A. 甲正确   B. 乙正确   C. 两人都正确   D. 两人都不正确

(4)甲说:泵轮是被液力变矩器壳驱动,油泵是被液力变矩器驱动毂驱动,所以它们都是和曲轴同步运转。乙说:泵轮是用花键连接在自动变速器输入轴上,而被涡轮抛出的液流驱动。( )
  A.甲正确   B.乙正确   C.两人都正确   D.两人都不正确
(5)液力变矩器的主要元件中,主要功用是改变油液的流动方向,使从涡轮中流出的油液,能利用其剩余能量再协助泵轮增加力矩的元件为( )。
  A.泵轮   B.涡轮   C.单向离合器
  D.导轮   E.导流环

3.学习目标达成度的自我检查(表2-2)

自 我 检 查 表   表2-2

序号	学习目标	达成情况(在相应的选项后打"√")		
		能	不能	如果不能,是什么原因
1	叙述液力变矩器的安装位置、作用、结构和工作过程			
2	叙述导轮单向离合器的工作特点及故障现象			
3	叙述锁止离合器的工作过程及解锁条件			
4	查阅资料自行制订液力变矩器的检修更换计划,并实施			

4.日常表现性评价(由小组长或者组内成员评价)
(1)工作页填写情况。( )
  A.填写完整 B.缺失0~20% C.缺失20%~40% D.缺失40%以上
(2)工作着装是否规范?( )
  A.穿着校服(工作服),佩戴胸卡 B.校服或胸卡缺失一项
  C.偶尔会既不穿校服又不戴胸卡 D.始终未穿校服、佩戴胸卡
(3)能否主动参与工作现场的清洁和整理工作?( )
  A.积极主动参与5S工作 B.在组长的要求下能参与5S工作
  C.在组长的要求下能参与5S工作,但效果差 D.不愿意参与5S工作
(4)是否达到全勤?( )
  A.全勤 B.缺勤0~20%(有请假)
  C.缺勤0~20%(旷课) D.缺勤20%以上
(5)总体印象评价。( )
  A.非常优秀 B.比较优秀 C.有待改进 D.急需改进
(6)其他建议:

小组长签名:＿＿＿＿＿＿＿＿＿＿ ＿＿＿＿年＿＿＿＿月＿＿＿＿日

5.教师总体评价
(1)对该学生所在小组整体印象评价。( )
  A.组长负责,组内学习气氛好
  B.组长能组织组员按要求完成学习任务,个别组员不能达成学习目标

C. 组内有 30% 以上的学员不能达成学习目标

D. 组内大部分学员不能达成学习目标

(2) 对该学生整体印象评价：

_____

_____

_____。

教师签名：_____　　　　　　　_____年_____月_____日

学习任务3　机械传动系统的检修

学习目标

完成本学习任务后,你应当能:
1. 叙述行星齿轮机构、离合器、制动器和单向离合器的作用、结构和工作过程;
2. 叙述辛普森式行星齿轮机构结构并分析其动力传递过程;
3. 根据维修手册规范拆装A341E型自动变速器;
4. 查阅资料自行制订检查行星齿轮机构、离合器、制动器和单向离合器的计划,并实施;
5. 尝试分析拉维娜式和串联式行星齿轮机构结构及其动力传递过程。

建议完成本学习任务为28学时

内容结构

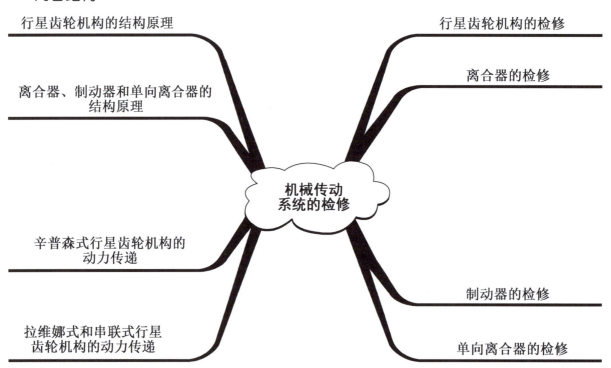

  学习任务描述

自动变速器出现换挡故障,经检测是由于机械传动系统故障而引起的,需要对机械传动系统进行检查,确定故障部位,并进行维修。

机械传动系统工作性能的优劣决定自动变速器能否正常工作,查阅维修手册进行自动变速器机械传动系统的规范维修。

一、学习准备

 1. 自动变速器机械传动系统的组成。

自动变速器机械传动系统按照确定的转矩和转速传递动力,图 3-1 所示为一款辛普森式三挡自动变速器的元件传动示意图,其机械传动系统包括:前行星齿轮机构(前行星架、前行星齿轮、前齿圈和前后太阳轮)、后行星齿轮机构(后行星架、后行星齿轮、后齿圈和前后太阳轮)、离合器(C_1 和 C_2)、制动器(B_1、B_2 和 B_3)及单向离合器(F_1 和 F_2)。

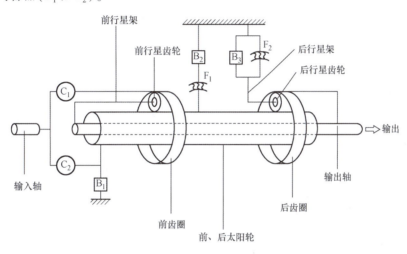

图 3-1　辛普森式三挡自动变速器元件传动示意图

 2. 自动变速器的液力变矩器可以减速增扭,为什么还要采用行星齿轮机构?

液力变矩器能在一定范围内无级地改变转矩和转速,但其存在传动效率低、变矩范围小、无法实现倒挡,不能中断动力等缺点,难以满足汽车的使用要求。行星齿轮机构能够提高传动效率,加大变矩范围,能够实现倒挡和空挡,满足汽车的使用要求,有效弥补液力变矩器的不足。

 3. 根据行星齿轮机构的结构特点分析单排行星齿轮机构如何改变传动比和运动状态。

如图 3-2 所示,行星齿轮机构中的＿＿＿＿＿＿、＿＿＿＿＿＿及＿＿＿＿＿＿有一个共同的固定轴线,＿＿＿＿＿＿支撑在固定于行星架的行星齿轮轴上,同时与太阳轮和齿圈啮合。

 小词典

行星齿轮机构运转时,行星齿轮轴空套在行星架上,行星齿轮轴上的几个行星齿轮在绕着自己的轴线旋转,同时还随着行星架一起绕着太阳轮回转,与行星运动类似,兼有自转和公转两种运动状态,行星齿轮的名称由此而来。

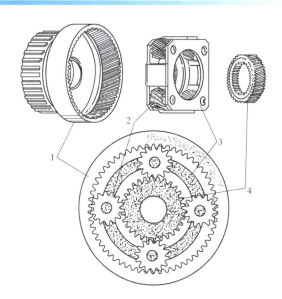

图 3-2 行星齿轮机构
1-齿圈;2-行星齿轮;3-行星架;4-太阳轮

单排行星齿轮具有两个自由度,如果没有一定的约束就无法获得确定的传动比。因此,需要通过约束行星齿轮机构基本元件来获得确定的传动比,使行星齿轮的自由度变为一个,具体可通过以下三种方式实现:

①固定太阳轮、行星齿轮架和齿圈中的一个。
②确定太阳轮、行星齿轮架和齿圈中的一个转速。
③连接两个相对独立的元件。

传动比的计算公式:

$$i = z_{从动} / z_{主动}$$

行星架的假想齿数计算公式:

$$z_{行星架} = z_{齿圈} + z_{太阳轮}$$

状态 1(图 3-3):

齿圈为固定部件,太阳轮为主动部件,行星架为从动部件。

$i = z_{行星架} / z_{太阳轮}$,行星齿轮机构作同向减速增扭运动。

结合状态 1 的描述,请填写状态 2 到状态 6 的空格。

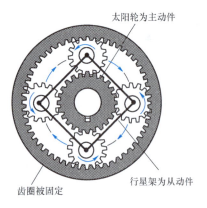

图 3-3 单排行星齿轮机构工作状态之一

状态 2:
齿圈为固定部件,行星架为主动部件,太阳轮为从动部件。
$i =$ _____,行星齿轮机构作_____运动。

状态 3:
太阳轮为固定部件,行星架为主动部件,齿圈为从动部件。
$i =$ _____,行星齿轮机构作_____运动。

状态 4:
太阳轮为固定部件,齿圈为主动部件,行星架为从动部件。
$i =$ _____,行星齿轮机构作_____运动。

状态 5:
行星架为固定部件,太阳轮为主动部件,齿圈为从动部件。

$i=$ _____,行星齿轮机构作 _____ 运动。

状态6：

行星架为固定部件，齿圈为主动部件，太阳轮为从动部件。

$i=$ _____,行星齿轮机构作 _____ 运动。

状态7：

齿圈和太阳轮为同速转动的主动部件，行星架为从动部件时，行星齿轮机构为直接挡输出。

 小提示

若行星齿轮机构三个基本元件中的两个元件一起同速转动，则第三个元件会与其同速转动，行星齿轮机构内部没有相对运动，故为直接挡输出。

状态8：

没有任何约束时，行星齿轮机构不能形成固定的传动比，为空挡输出。

单排单级行星齿轮不同的连接和固定方式可得到不同的传动比，其中，三个基本元件的不同组合可产生6种组合方案，加上直接挡传动和空挡，共有8种组合，相应能获得不同的传动比。

学习拓展

试分析行星齿轮机构基本元件中两个元件不等速转动时，行星齿轮机构的运动状态。

结合所学知识，填写表3-1中单排单级行星齿轮机构的运动状态。

单排单级行星齿轮机构的运动状态　　　　　　　　表3-1

固定件	主动部件	从动部件	输出转向	输出转速	输出转矩
齿圈	太阳轮	行星架			
齿圈	行星架	太阳轮			
太阳轮	行星架	齿圈			
太阳轮	齿圈	行星架			
行星架	太阳轮	齿圈			
行星架	齿圈	太阳轮			

二、计划与实施

 4. 若要确定单排行星齿轮机构的传动比，需要执行元件对行星齿轮机构的基本元件进行约束，试分析执行元件的结构特点和工作过程。

 小提示

离合器、制动器和单向离合器是自动变速器的执行元件，执行元件通过不同的方式对行星齿轮机构基本元件进行约束才能实现自动变速器挡位的变换。

1）离合器的结构及工作过程

离合器的作用是将输入轴和行星齿轮机构的某个基本元件连接，或将行星齿轮机构排的某两个基本元件连接，使之协同运转。

自动变速器的离合器主要采用湿式多片离合器,结合图3-4所示丰田A341E型自动变速器C_1(前进挡离合器)和C_2(直接挡离合器)的结构图,叙述其结构特点:_____

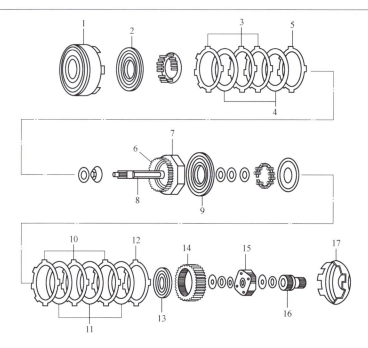

图3-4　丰田A341E自动变速器C_1和C_2结构图

1-直接挡离合器鼓;2-活塞;3-C_2钢片;4-C_2摩擦片;5-凸缘;6-直接挡离合器轮毂;7-前进挡离合器鼓;8-驱动轴;9-活塞;10-C_1钢片;11-C_1摩擦片;12-凸缘;13-齿圈凸缘;14-前齿圈;15-前行星齿轮架;16-前后太阳轮;17-太阳轮输入鼓

小提示

一般情况下,离合器摩擦片两面均为摩擦系数较大的铜基粉末冶金层或合成纤维层。部分离合器摩擦片单面为摩擦系数较大的铜基粉末冶金层或合成纤维层,这样能够改善离合器组件的散热,结构更加紧密,承载能力提高,质量减小,如奔驰722.9型自动变速器离合器的摩擦片为单面。

图3-5所示为几种常见的离合器复位弹簧。

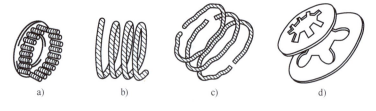

图3-5　常见的离合器复位弹簧
a)圆周均布螺旋弹簧;b)中央螺旋弹簧;c)波形弹簧;d)膜片弹簧

常见的离合器复位弹簧有圆周均布螺旋弹簧、中央螺旋弹簧、波形弹簧和膜片弹簧四种。

离合器复位弹簧的作用_____

图3-6所示为湿式多片离合器的工作过程示意图;图3-6a)所示为离合器接合时的状态,油液进入离合器鼓的腔内,压迫活塞朝向离合器的摩擦片和钢片压紧,使离合器的摩擦片和钢片紧密接合,实现同

步旋转;图3-6b)所示为离合器分开时的状态,复位弹簧将活塞推开,离合器的摩擦片和钢片之间存在的间隙使两者能够独立旋转,动力不传递。

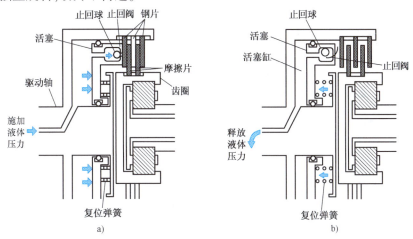

图3-6 湿式多片离合器工作过程示意图
a) 离合器接合;b) 离合器分离

图3-6中两种状态可见止回阀的工作过程:图3-6a)所示为压力油进入液压缸时的状态,止回球在油压的作用下压紧在阀座上,止回阀处于关闭状态,液压缸处于密封状态,离合器接合;图3-6b)所示为压力油排出时的状态,缸体内的压力减小,止回阀的止回球在离心力的作用下离开阀座,止回阀处于开启状态,残留在液压缸内的液压油因离心力的作用从止回阀排出,离合器彻底分离。

离合器 C_1 和 C_2 的工作过程:图3-7a)离合器_____接合,动力从输入轴经过_____传到太阳轮;图3-7b)离合器_____接合,动力从输入轴经过_____传到齿圈;图3-7c)离合器_____接合,动力从输入轴经过_____传到太阳轮,动力从输入轴经过_____传到齿圈。

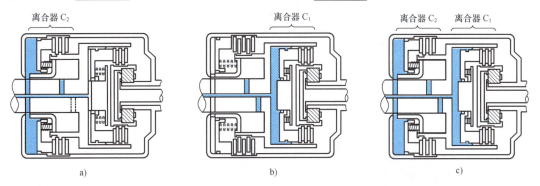

图3-7 离合器 C_1 和 C_2 的工作过程示意图

学习拓展

有些离合器或制动器的液压缸装有内、外两个活塞。两个活塞可以单独工作,也可以同时工作。两个活塞可以对同一个离合器或制动器加压,分别有各自的油路,互不相通。

图3-8所示为双液压缸活塞离合器的工作过程示意图:图3-8a)中,只有__工作,传递的转矩_____(较大/较小);图3-8b)中,只有__工作,传递的转矩_____(较大/较小);图3-8c)中,_____都工作,传递的转矩_____(较大/较小/最大),并可以减轻离合器或制动器接合时的冲击,使换挡柔和。

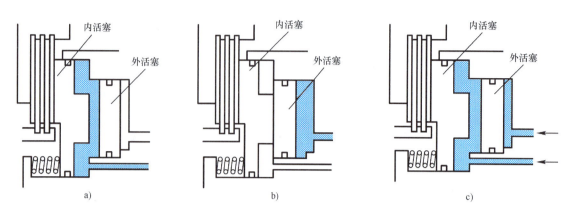

图3-8 双液压缸离合器的工作过程图

2）制动器的结构及工作过程

制动器的作用是将行星齿轮机构中的某一元件加以固定，使之不能转动，目前常用的自动变速器制动器有片式制动器和带式制动器两种。

（1）片式制动器的结构及工作过程。

图3-9所示为片式制动器，其结构包括制动器鼓、制动器活塞、复位弹簧、钢片和摩擦片等。

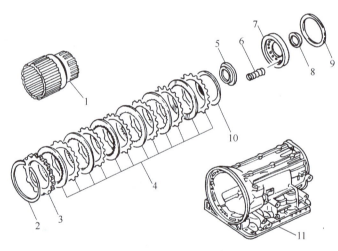

图3-9 片式制动器

1-制动器鼓；2-卡环；3-挡圈；4-钢片和摩擦片；5-弹簧座；6-复位弹簧；7-制动器活塞；8、9-密封圈；10-碟形环；11-变速器壳体

图3-10所示为片式制动器的工作过程示意图：如图3-10a）所示，制动器工作时，活塞受到控制油压的作用，在活塞缸内运动，使摩擦片与钢片接触，每个摩擦片与钢片之间产生的摩擦力，将行星齿轮机构某一元件或单向离合器锁在变速器壳体上；如图3-10b）所示，制动器停止工作时，控制油压降低，在复位弹簧的作用下，活塞回至原位。

小提示

片式制动器与湿式多片离合器的结构和工作过程基本相同，但片式制动器鼓（相当于离合器鼓）需固定在自动变速器壳体上。制动器工作时，制动器鼓将固定与其相连的元件（如行星齿轮机构某一元件或单向离合器外环），使该元件不能转动。片式制动器的装配检查和湿式多片离合器基本相同。

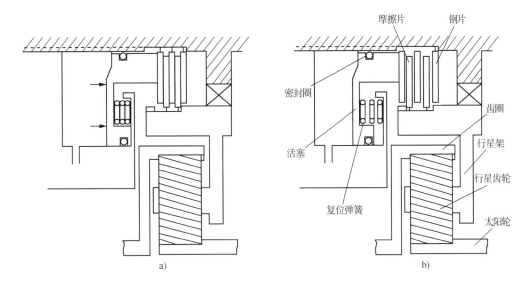

图 3-10 片式制动器工作过程
a) 片式制动器接合；b) 片式制动器分离

如图 3-11 所示,离合器有_____(A、B、C、D、E、F、G);制动器有_____(A、B、C、D、E、F、G)。

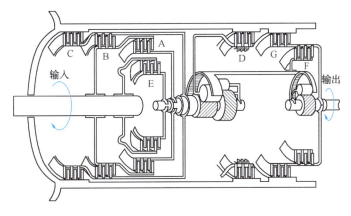

图 3-11 某自动变速器结构图

(2) 带式制动器的结构及工作过程。

带式制动器由制动鼓、制动带和伺服缸组成,其中,伺服缸内装有液压活塞、密封圈、复位弹簧(外弹簧)、内弹簧和推杆。

图 3-12 所示为带式制动器的工作过程示意图,产生制动时,控制油压进入伺服缸,活塞左移,压缩复位弹簧,推杆推动制动带的一端,制动带的直径变小,箍紧在转鼓上,在制动带与转鼓间的摩擦力增大,使之无法转动;解除制动时,活塞缸中无控制油压,复位弹簧将活塞和推杆推回原位,制动带松开。另外,内弹簧的作用为吸收转鼓的反作用力和减少制动带箍紧转鼓时产生的振动。

3) 单向离合器的结构及工作过程

单向离合器的作用是单向固定或连接行星齿轮机构中的某些太阳轮、行星架和齿圈等基本元件。常见的单向离合器有楔块式和滚柱斜槽式,其结构和工作过程如下。

(1) 楔块式单向离合器的结构及工作过程。

如图 3-13c) 所示,楔块式单向离合器由外环、内环和滚子(楔块)等组成。楔块式单向离合器的滚子是特殊形状的楔块,楔块对角线 A 长度略大于内外环间距 B,楔块对角线 C 的长度略小于内外环间距 B。

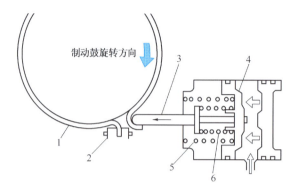

图 3-12 带式制动器的工作过程
1-制动带;2-制动带安装支座;3-推杆;4-活塞;5-复位弹簧(外弹簧);6-内弹簧

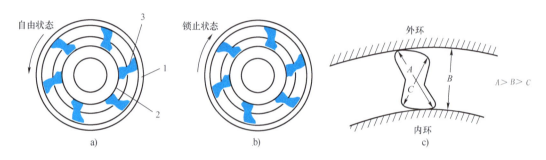

图 3-13 楔块式单向离合器
a)自由状态;b)锁止状态;c)楔块尺寸
1-外环;2-内环;3-滚子

如图 3-13b)所示,当外环相对于内环发生_____(顺/逆时针)转动时,楔块在摩擦力的作用下立起,因自锁作用而被卡死在内外环之间,使内环与外环无法相对滑转,此时单向离合器处于锁止状态;如图 3-13a)所示,当外环相对于内环发生_____(顺/逆时针)旋转时,楔块在摩擦力的作用下倾斜,脱离自锁状态,内环与外环可相对滑动,此时单向离合器处于自由状态。

(2)滚柱斜槽式单向离合器的结构及工作过程。

如图 3-14 所示,滚柱斜槽式单向离合器由内环、外环、滚柱和滚柱弹簧组成。内、外环间的楔形槽内装有滚柱和弹簧。

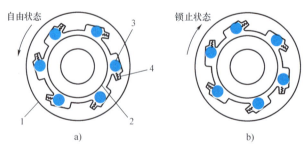

图 3-14 滚柱斜槽式单向离合器
a)自由状态;b)锁止状态
1-外环;2-内环;3-滚柱;4-弹簧

如图3-14b)所示,当滚柱斜槽式单向离合器外环相对于内环朝顺时针方向转动时,单向离合器处于_____(锁止/自由)状态。如图3-14a)所示,当外环相对于内环朝逆时针方向转动时,单向离合器处于_____(锁止/自由)状态。

5. 通过执行元件对单排行星齿轮机构的不同元件进行约束已经可以实现各种运动方式,为什么自动变速器实际是采用多组行星齿轮机构的组合?

采用行星齿轮传动机构的自动变速器通常是采用多组行星齿轮机构的组合来构成齿轮传动装置,常见的辛普森行星齿轮机构传动装置结构如图3-15所示。

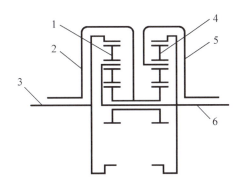

图3-15 辛普森行星齿轮机构
1-前排行星轮;2-前后太阳轮;3-前行星圈;4-后排行星轮;5-后行星架;6-前行星架/后齿圈组件

辛普森行星齿轮机构特点:前后两个行星排的太阳轮连为一个整体,称为共用太阳轮;前排的行星架和后排的齿圈连成一体,称为前行星架/后齿圈组件,输出轴通常与该组件相连。这样一来,该行星机构有四个独立元件:前排齿圈、共用太阳轮、后行星架和前行星架/后齿圈组件。

6. 辛普森式三挡自动变速器的执行元件如何约束行星齿轮机构的基本元件,才能实现各挡位动力传递?

(1)如图3-16所示,辛普森式三挡自动变速器由七个换挡执行元件构成,包括两个离合器(C_1和C_2),三个制动器(B_1、B_2和B_3)和两个单向离合器(F_1和F_2),是具有三个前进挡和一个倒挡的行星齿轮变速器,结合传动示意图分析:

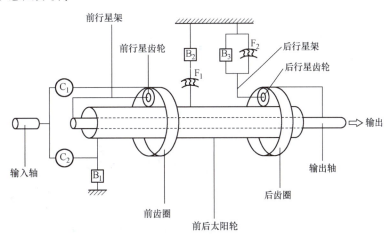

图3-16 辛普森式三挡自动变速器元件传动示意图

C_1 的作用是_____；

B_1 的作用是_____；

F_2 的作用是_____。

(2) 结合辛普森式三挡自动变速器的动力传递路线图和实物,分析各挡的动力传递路线。

①图 3-17 所示为辛普森式三挡自动变速器执行元件 C_2 和 B_3 工作时的动力传递路线图。

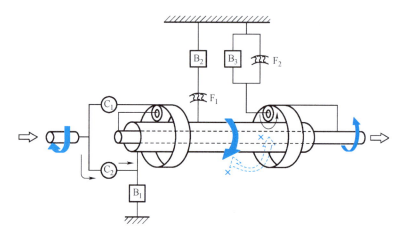

图 3-17　执行元件 C_2 和 B_3 工作时的动力传递路线图

离合器 C_2 工作时,动力由输入轴传递到_____；制动器 B_3 工作时,后行星架的转速为_____。后齿圈带动输出轴输出,其转向与输入轴_____（相同/相反）,此挡位为_____（直接挡/超速挡/倒挡）。

结合所学知识,完成图 3-18 所示的动力传递流程图。

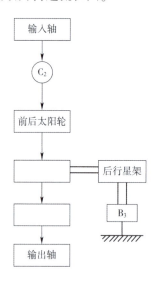

图 3-18　执行元件 C_2 和 B_3 工作时动力传递流程图

②图 3-19 所示为辛普森式三挡自动变速器执行元件 C_1、C_2 和 B_2 工作时的动力传递路线图。

执行元件 C_1 工作时,动力由输入轴传递到_____；执行元件 C_2 工作时,动力由输入轴传递到_____。前行星架的转速与_____相同,带动输出轴_____（减速/直接/增速）输出,此挡位为_____（低速挡/直接挡/超速挡）。

结合所学知识,完成图 3-20 所示的动力传递流程图。

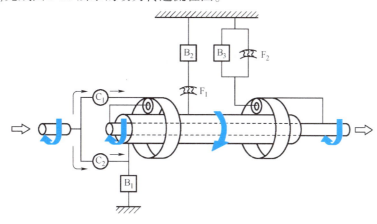

图 3-19 执行元件 C_1、C_2 和 B_2 工作时动力传递路线图

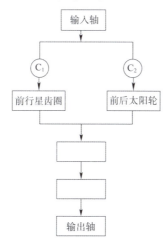

图 3-20 执行元件 C_1、C_2 和 B_2 工作时动力流程图

③图 3-21 所示为辛普森式三挡自动变速器执行元件 C_1、B_2 和 F_1 工作时的动力传递路线图。执行元件 C_1 工作时,动力由输入轴传递到_____;执行元件 B_2 和 F_1 同时工作,前后太阳轮的转速为_____。前行星架的转速为_____(减速/直接/增速)输出,带动输出轴输出,此挡位为_____(低速挡/直接挡/超速挡)。

结合图 3-21,自行绘制执行元件 C_1、B_2 和 F_1 工作时的动力传递流程图。

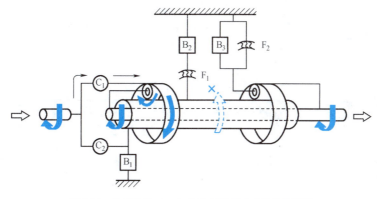

图 3-21 执行元件 C_1、B_2 和 F_1 工作时动力传递路线图

若在图 3-21 的工作状态基础上增加执行元件 B_1 工作，结合其动力传动情况发生的变化，完成以下内容：

辛普森式三挡自动变速器执行元件 C_1、B_1、B_2 和 F_1 工作时与 C_1、B_2 和 F_1 工作时相比动力传递路线及传动比_____，只是在反向传力时 B_1 使前后太阳轮固定，可以_____。

结合图 3-22，完成图 3-23 所示的动力反向传递流程图。

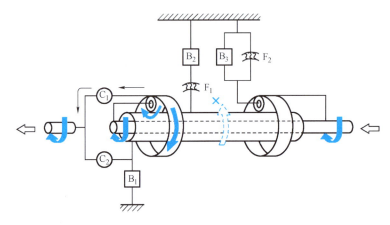

图 3-22　辛普森式三挡自动变速器执行元件 C_1、B_1、B_2 和 F_1 工作时动力反向传递路线图

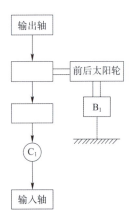

图 3-23　辛普森式三挡自动变速器执行元件 C_1、B_1、B_2 和 F_1 工作时动力反向传递流程图

④图 3-24 所示为辛普森式三挡自动变速器执行元件 C_1 和 F_2 工作时的动力传递路线图。

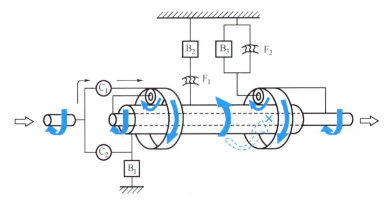

图 3-24　辛普森式三挡自动变速器执行元件 C_1 和 F_2 工作时动力传递路线图

执行元件 C_1 工作时,动力由输入轴传递到_____;执行元件 F_2 的作用是锁定_____,使其转速为零。结构上,前行星太阳轮的转速与_____相同,前行星架的转速与_____相同,并等于输出转速。前行星架的转速为_____(减速/直接/增速)输出,带动输出轴输出,此挡位为_____(低速挡/直接挡/超速挡)。

结合图3-24,完成图3-25所示执行元件 C_1 和 F_2 工作时的动力流程图。

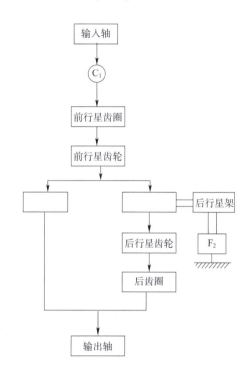

图3-25　执行元件 C_1 和 F_2 工作时动力流程图

⑤图3-26所示为辛普森式三挡自动变速器执行元件 C_1、F_2 和 B_3 工作时的动力反向传递路线图。

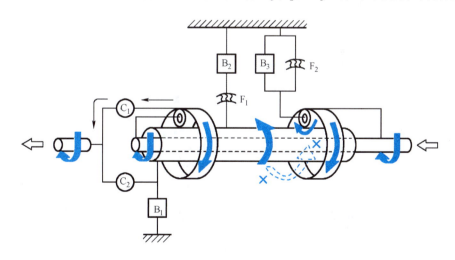

图3-26　执行元件 C_1、F_2 和 B_3 工作时动力反向传递路线图

辛普森式三挡自动变速器执行元件 C_1、F_2 和 B_3 工作时与 C_1 和 F_2 工作时的动力传递路线及传动比相同,只是在反向传力时 B_3 使后行星架固定,可以反向传力,因此可利用发动机制动。

小提示

发动机制动是利用发动机的牵阻作用减慢车速,挡位越低牵阻作用越明显,制动性越强。在下长坡道路行驶,挂入低速挡利用发动机的牵阻作用可减少制动器负担和减少制动次数,防止制动过热所引起的制动力热衰减;在冰雪或泥泞路面行驶,发动机牵阻制动可防侧滑。

结合图 3-26,完成图 3-27 所示执行元件 C_1、F_2 和 B_3 工作时动力反向传递流程图。

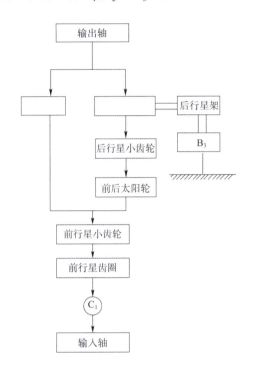

图 3-27　辛普森式三挡自动变速器执行元件 C_1、F_2 和 B_3 工作时动力反向传递流程图

辛普森式三挡自动变速器挡位执行元件工作表见表 3-2。

辛普森式三挡自动变速器挡位执行元件工作表　　　表 3-2

换挡杆位置	挡位	C_1	C_2	B_1	B_2	F_1	B_3	F_2
P	驻车挡							
R	倒挡		○				○	
N	空挡							
D	第 1 挡	○						○
D	第 2 挡	○			○	○		
D	第 3 挡	○	○			○		
2	第 1 挡	○						○
2	第 2 挡	○		○	○	○		
L	第 1 挡	○					○	○

注:在上表中用○表示执行元件工作。

学习任务3 机械传动系统的检修

7. 丰田A341E型自动变速器各挡位是如何工作的(图3-28),其结构和工作过程与辛普森式三挡自动变速器有什么联系?

结合图3-28所示,分析A341E型自动变速器的结构与辛普森式三挡自动变速器之间的联系。

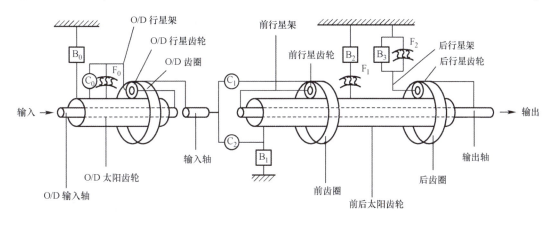

图3-28 丰田A341E型自动变速器元件传动示意图

分析为什么A341E型自动变速器在辛普森式三挡自动变速器的结构基础上,要增加一组行星齿轮机构?

根据丰田A341E型自动变速器的传递示意图和工作表(表3-3),分析各挡位的动力传递路线。

丰田A341E型自动变速器挡位执行元件工作表　　　表3-3

换挡杆位置	挡位	C_0	C_1	C_2	B_0	B_1	B_2	B_3	F_0	F_1	F_2
P	驻车挡	○									
R	倒挡	○		○				○	○		
N	空挡	○									
D	1	○	○						○		○
D	2	○	○				○		○	○	
D	3	○	○	○			○		○		
D	4(超速挡)		○	○	○		○				
2	1	○	○						○		○
2	2	○	○				○		○	○	
2	3	○	○	○			○		○		
L	1	○	○					○	○		○
L	2	○	○				○		○	○	

注:○代表该执行元件处于工作状态。

(1)丰田A341E型自动变速器D位4挡,其动力传递路线如图3-29所示。

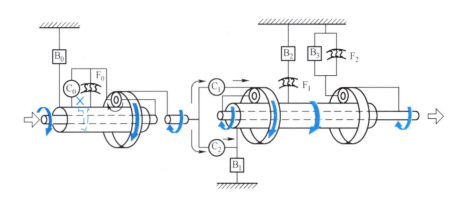

图3-29 丰田A341E型自动变速器D位4挡动力传递路线图

①D位4挡时,执行元件_____、_____和_____工作。

②D位4挡时,在超速行星齿轮机构中,输入元件是行星架,输出元件是齿圈。由于B_0的工作,使得超速行星齿轮机构的_____受到制动,转速为零。所以超速行星齿轮机构输出转速为_____(减速/直接/增速)输出。

③D位4挡时,后端的双排行星齿轮机构工作和辛普森式三挡自动变速器3挡一样。C_1的工作,使得动力传递到_____;C_2的工作,使得动力传递到_____。所以,前行星架的转速等于_____,带动输出轴_____(减速/直接/增速)输出。

所以D位4挡为_____(低速挡/直接挡/超速挡)。

④结合所学知识描述丰田A341E型自动变速器D位4挡的动力传递路线。

(2)丰田A341E型自动变速器L位1挡,其动力传递路线如图3-30所示。

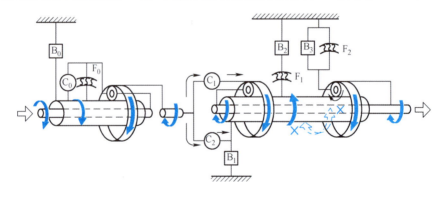

图3-30 丰田A341E型自动变速器L位1挡动力传递路线图

①处于L位1挡时,执行元件_____、_____、_____和_____工作。

②处于L位1挡时,C_0、F_0同时工作,使得动力传递到_____,所以超速行星齿轮机构齿圈的输出转速为_____(减速/直接/增速)输出。超速行星齿轮机构为_____(减速/直接/增速)输出。

③处于L位1挡时,后端的双排行星齿轮机构与辛普森式三挡自动变速器L位1挡的动力传递路线完全一样。也就是说,丰田A341E型自动变速器的L位1挡是在辛普森式三挡自动变速器的基础上,增加了一组直接传递动力的超速行星齿轮机构工作,所以,传动比不变。

(3)除D位4挡外,丰田A341E型自动变速器的其他挡位和L位1挡相同,都是在辛普森式三挡自动变速器所对应挡位的基础上增加了一组直接传递动力的超速行星齿轮机构工作,相应挡位的传动比不变。

如图3-31和图3-32所示,根据维修手册规范拆装A341E型自动变速器。

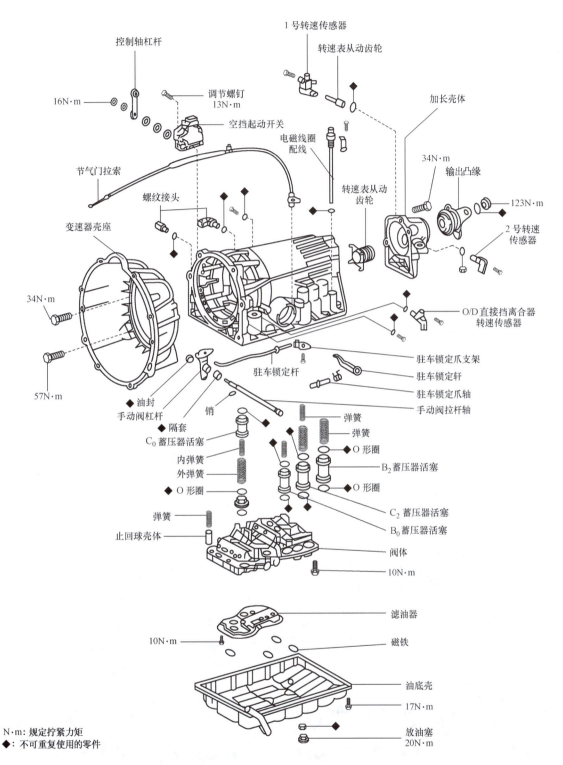

图 3-31 丰田 A341E 型自动变速器的总体结构——外围和油底壳部分

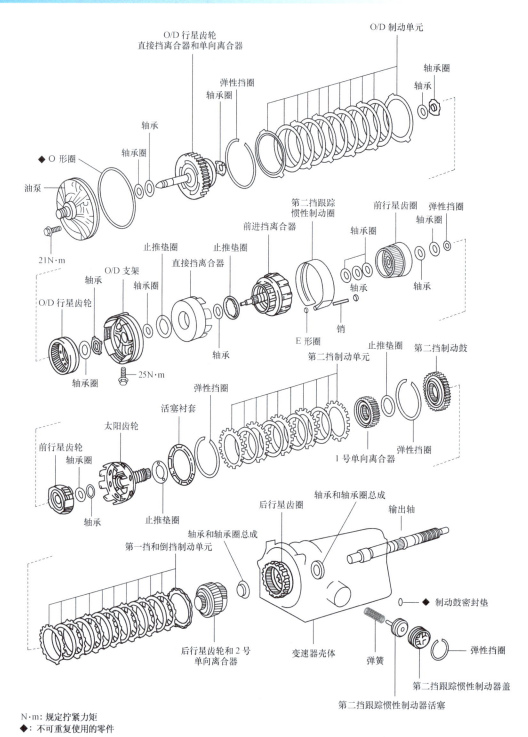

图 3-32　丰田 A341E 型自动变速器的总体结构——内部分解部分

8. 采用 A341E 型自动变速器的丰田汽车,超速挡行星齿轮机构出现故障时,如何进行规范的检修?

(1)检查太阳轮、行星齿轮和齿圈的齿面,如果有磨损或疲劳剥落,应更换整个行星齿轮机构。你检查的太阳轮、行星齿轮和齿圈的齿面_____(是/否)有磨损或疲劳剥落,_____(是/否)需更换。

（2）检查行星齿轮与行星架之间的间隙，如图3-33所示，通过查阅维修手册确定标准间隙范围为_____mm，最大间隙为_____mm，如果测量的间隙超过最大间隙，则应该更换止推垫片或行星齿轮组件。你测量的行星齿轮与行星架之间的间隙为_____mm，_____（需要/不需要）更换止推垫片或行星齿轮组件。

（3）测量行星齿轮衬套的内径，如图3-34所示，通过查阅维修手册确定内径最大为_____mm。如果测量的内径大于最大值，则更换行星齿轮。你所测量的行星齿轮衬套内径为_____mm，_____（需要/不需要）更换行星齿轮。

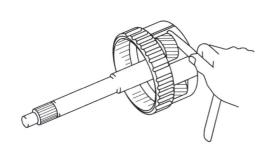

图3-33　行星齿轮与行星架之间间隙的检查

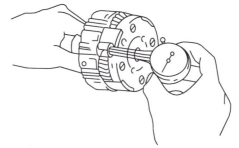

图3-34　超速挡行星齿轮衬套内径的检查

 小提示

根据作用和安装位置，行星齿轮机构分为超速挡行星齿轮机构、前行星齿轮机构和后行星齿轮机构，检测方法和内容基本相同。拆装行星齿轮机构过程中，应注意轴承和轴承圈的规格、安装位置和方向，具体可见图3-35和表3-4。

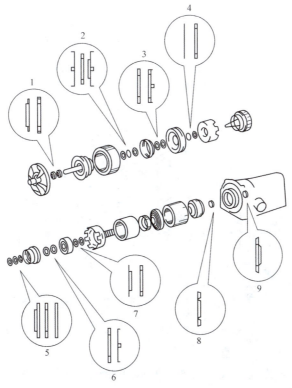

图3-35　轴承和轴承圈安装位置、方向

轴承和轴承圈的规格　　　　　　　　　　　　表3-4

序号	前轴承圈(mm)		止推轴承(mm)		后轴承圈(mm)	
	内径	外径	内径	外径	内径	外径
1	28.1	47.5	28.8	50.4	—	—
2	27.2	42.0	25.9	47.0	24.0	48.0
3	37.1	59.0	33.6	50.3	—	—
4	37.0	51.0	33.5	47.8	—	—
5	26.0	48.9	25.9	47.0	26.5	47.0
6	—	—	35.0	53.8	34.0	48.0
7	33.5	47.8	35.4	48.0	—	—
8	—	—	27.6	54.5	—	—
9	—	—	39.0	57.7	—	—

9. 采用 A341E 型自动变速器的丰田汽车,出现 D 位 2 挡故障,请结合所学动力传递原理,分析故障可能部位、制订相应的检修计划并实施。

根据 A341E 型自动变速器动力传递原理,可推测故障可能部位为:离合器 C_0、C_1,制动器 B_2 或单向离合器 F_0、F_1。

1) 离合器的检修

(1) 超速直接离合器的活塞行程检查。

如图 3-36 所示,将油泵放在液力变矩器上,然后将 O/D 直接离合器总成放在油泵上。通过加入和放出压缩空气(392~785kPa),再用专用工具(SST)和千分尺测量 O/D 直接离合器活塞行程。标准活塞行程为 1.45~1.70 mm。如果数值不在规定范围内,检查全部摩擦片、钢片和凸缘,测量的活塞行程为 _____ mm,_____ (需要/不需要)检查全部摩擦片、钢片和凸缘。

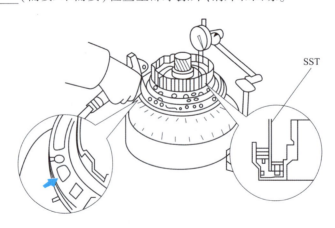

图 3-36　检查超速直接离合器的活塞行程

(2) 凸缘、摩擦片和钢片拆卸与检查。

从 O/D 直接离合器鼓上取出卡簧,如图 3-37a)所示,卸下凸缘、两个摩擦片和两个钢片,检查凸缘、摩擦片和钢片的滑动表面是否如图 3-37b)所示磨损或烧伤,必要时,将其更换。如果摩擦片的衬片硬化或变色,甚至打印数字部分表面烧毁,如图3-37c)所示,则更换全部摩擦片,检查的结果是_____,_____(需要/不需要)更换全部摩擦片。

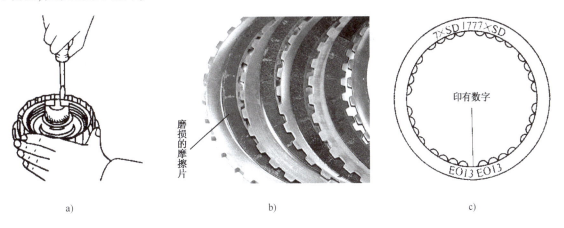

图3-37 拆卸检查凸缘、摩擦片和钢片

 小提示

更换新离合器摩擦片时,应在ATF中浸泡新离合器摩擦片1h;装回旧离合器摩擦片时,应在ATF中浸泡离合器摩擦片15min。

(3)超速直接离合器复位弹簧的拆卸与检查。

如图3-38a)所示,将专用工具(SST)放在弹簧保持架上,用压力机压缩复位弹簧,用专用工具(SST)取出卡簧,取出活塞复位弹簧。检查带弹簧座的弹簧自由长度,如图3-38b)所示。标准自由长度为15.8mm,不同离合器复位弹簧标准自由长度不同。若弹簧自由长度过小或有变形,则应更换新弹簧。你测量的弹簧自由长度是_____mm,_____(需要/不需要)更换新弹簧。

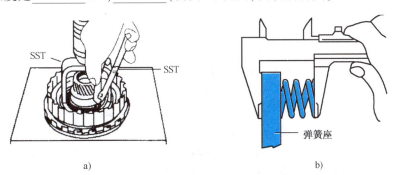

图3-38 拆卸检查超速直接离合器复位弹簧

(4)离合器活塞及单向阀的拆卸和检查。

如图3-39a)所示,油泵放在液力变矩器上后,将O/D直接离合器总成放在油泵上,再将离合器中加入ATF,将压缩空气从液压缸一侧吹入,活塞应上移,四周不能有气泡,否则应更换。清理离合器中的ATF后,用手握住O/D直接离合器活塞,对油缸加压缩空气,取出O/D直接离合器活塞,取下活塞上的两个O形圈。检查离合器的活塞,其表面应无损伤和拉毛,止回阀应能在阀座内活动自如,否则应更换。如图3-39b)所示,用压缩空气从活塞一侧向止回阀内吹气,密封应良好,如有异常,应更换。检查结果为_____,_____(需要/不需要)更换活塞。

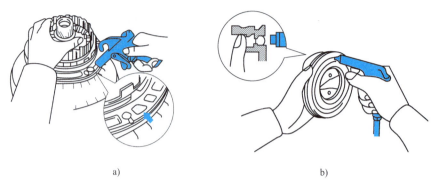

图3-39 离合器活塞和止回阀密封性的检查

小提示

如果活塞倾斜不能取出,将突出来的一端压下去,再加压缩空气,否则,将活塞伸出部分的周围缠上尼龙带,用尖嘴钳将其取出。

(5)超速直接离合器鼓衬套的检查。

如图3-40所示,用千分表测量离合器鼓衬套的内径,最大内径应为27.11mm,如果内径大于最大值,则更换离合器鼓。你测量的最大内径为_____mm,_____(需要/不需要)更换离合器鼓。

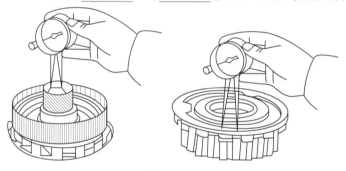

图3-40 超速直接离合器鼓衬套的检查

(6)超速直接离合器活塞、复位弹簧、凸缘、摩擦片、钢片和卡簧的安装。

将新的O形圈涂上ATF,然后装到活塞上,如图3-41a)所示,用双手将活塞压入离合器鼓,如图3-41b)所示。如图3-41c)所示,将活塞复位弹簧装到活塞上,把专用工具(SST)放在弹簧保持架上,用压力机压缩复位弹簧,用专用工具(SST)安装卡簧,确保卡簧端隙不能对着弹簧保持架凸缘。按照P→D→P→D(P=摩擦片,D=钢片)的顺序安装所有摩擦片和钢片,将凸缘平的端面向下安装,最后安装卡簧,确保卡簧端隙不能对着离合器鼓的切口部分。

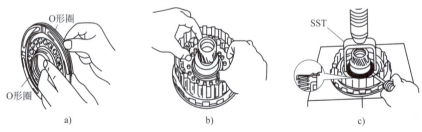

图3-41 超速直接离合器活塞、复位弹簧和卡簧的安装

小提示

所有的凸缘,平的端面向下,所有的卡簧端隙均不能对着切口部分。

(7)超速直接离合器活塞行程的再次检查。

如图 3-42 所示,将油泵放在液力变矩器上,然后将 O/D 直接离合器总成放在油泵上。通过加入和放出压缩空气(392~785kPa),再用专用工具(SST)和千分尺测量 O/D 直接离合器活塞行程。标准活塞行程为 1.45~1.70 mm。如果活塞行程小于极限值,可能装错零件,检查并重新装配,如果活塞行程不在规定范围内,选择另一种凸缘,见表 3-5。你测量的活塞行程为_____mm,_____(需要/不需要)检查并重新装配。

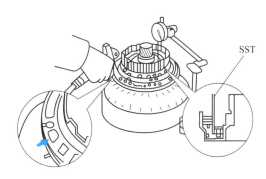

图 3-42 检查超速直接离合器的活塞行程

凸 缘 厚 度　　　　　　　　　　　　表 3-5

号码	16	17	18	19	20	21
厚度(mm)	3.6	3.5	3.4	3.3	3.2	3.1

 小提示

第一次检查超速直接离合器的活塞行程,是为了确定是否检查全部摩擦片、钢片和凸缘;第二次检查超速直接离合器的活塞行程,是为了确定零件装配是否正确,凸缘是否合适。如果没有压缩空气,也可以用厚薄规检查。

片式制动器的拆装和检修与湿式多片离合器相似。

2)带式制动器的检修

(1)图 3-43 所示为制动带的外观检查:检查外观上是否有缺陷,如碎屑、摩擦表面有不均匀磨损、摩擦材料剥落、摩擦材料上印刷数字部分磨损,或者有掉色、烧蚀痕迹(外观颜色发黑),制动带只要出现上述现象中的任何一项,就必须更换。制动带的外观检查结果是_____,_____(需要/不需要)更换。

(2)检查制动带摩擦表面的含油能力:用无毛布把制动带表面的油渍擦掉后,用手轻按制动带摩擦表面,应能渗出油,渗出的油越多,说明摩擦表面含油性越好。如轻压后,没有油渗出,说明制动带摩擦表面上的含油层已被磨损,如继续使用将很快被烧蚀,则必须更换。制动带摩擦表面的含油能力检查结果是_____,_____(需要/不需要)更换。

(3)制动带自由间隙检查。如图 3-44 所示,制动带在松弛状态下,应留有一定间隙,否则应更换。制动带检查结果_____(有/无)自由间隙,_____(需要/不需要)更换。

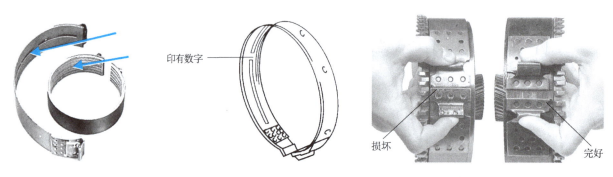

图 3-43 制动带的外观检查　　　　　图 3-44 制动带的自由间隙检查

（4）活塞杆长度检查。图 3-45 所示为活塞杆长度检查，如果制动带完好，因活塞行程不在规定数值范围内，需要选择活塞杆，活塞杆有四种不同的长度：70.7mm、71.4mm、72.2mm、72.9mm。

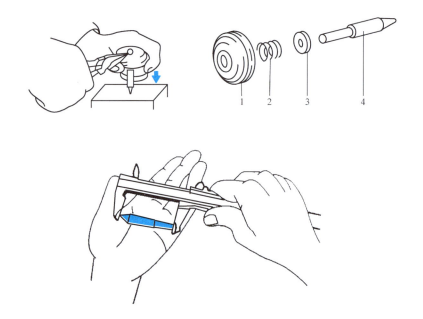

图 3-45 活塞杆长度的检查
1-活塞；2-压缩弹簧；3-保持架；4-活塞杆

（5）制动鼓的检查。

①制动鼓摩擦表面刻度修复。制动鼓的摩擦表面检查如图 3-46 所示。铸铁制动鼓的摩擦表面上如有刻痕，可用 180 号砂布沿旋转方向打磨，制动鼓表面的检查结果显示_____（是/否）需要打磨。

②制动鼓表面的垂直度检查。对于钢板冲压的制动鼓，检查时把钢直尺立在制动鼓的摩擦表面上，检查制动鼓表面的垂直度。制动鼓的摩擦表面磨成盘形状，会使制动带的制动效能严重削弱。因此磨损变形的制动鼓必须更换。你检查的制动鼓摩擦表面垂直度和磨损变形情况_____，_____（是/否）需要更换。

图 3-46 制动鼓摩擦表面的检查

（6）组装后的检查：用 400~800kPa 的压缩空气向伺服缸内施压，

此时制动带应该能_____制动鼓。

3）单向离合器的检修

单向离合器锁止方向的检查如图3-47所示,其应在一个方向锁住,在反方向可自动转动。若在锁止方向打滑或在自动转动方向发卡,应更换单向离合器。检查结果是_____,_____(是/否)需要更换单向离合器。

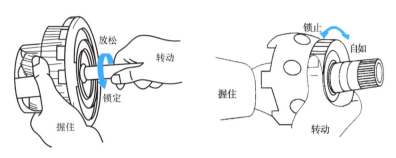

图3-47 单向离合器工作情况检查

小提示

单向离合器若装反可引起自动变速器工作异常,会引起一些预想不到的故障。如果装错了方向,从理论上讲变速器进入不能驱动状态,但由于发动机传来的转矩大于装错方向的单向离合器的锁止力矩,单向离合器上的滚柱会在高速旋转的巨大惯性作用下飞出,严重破坏其周围的零件。

 10. 实际采用的自动变速器还有拉维娜式和串联式等类型,试分析其动力传递路线。

1）拉维娜(Ravigneaux)式行星齿轮机构动力分析

大众097自动变速器的动力传递路线示意图如图3-48所示,不同挡位执行元件工作表见表3-6。

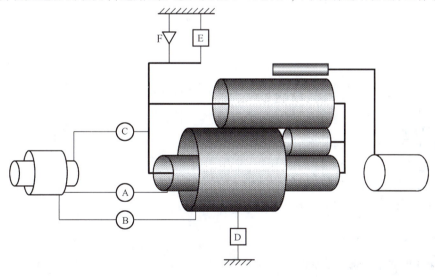

图3-48 大众097自动变速器动力传递路线示意图

A-1、3挡离合器;B-倒挡离合器;C-3、4挡离合器;D-2、4挡制动器;E-倒挡制动器;F-单向离合器

大众097自动变速器不同挡位各换挡执行元件的工作表　　　　　　　　　表3-6

挡位		元件					
		1-3挡离合器	3-4挡离合器	倒挡离合器	单向离合器	2-4挡制动器	倒挡制动器
D	1挡	○			○		
	2挡	○				○	
	3挡	○	○	○			
	4挡		○			○	
3	1挡	○			○		
	2挡	○				○	
	3挡	○	○	○			
2	1挡	○			○		
	2挡	○				○	
1	1挡	○		○			
R	倒挡			○			○
P或N	驻车或空挡						

说明：表中○代表执行元件处于工作状态。

根据以上资料分析大众097自动变速器各挡位动力传递路线。

2）串联式行星齿轮机构动力分析

日产RE4F04B自动变速器的动力传递路线示意图如图3-49所示，不同挡位执行元件工作表见表3-7。

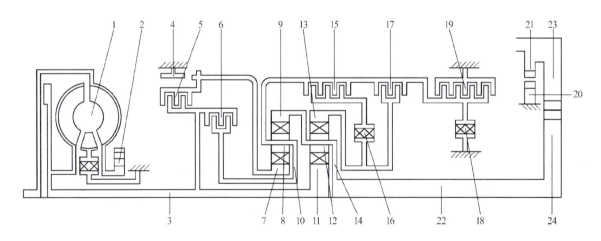

图3-49　日产RE4F04B自动变速器动力传递路线示意图

1-液力变矩器；2-油泵；3-输入轴；4-制动带；5-倒挡离合器；6-高速挡离合器；7-前太阳齿轮；8-前行星齿轮；9-前内齿轮；10-前行星齿轮架；11-后太阳齿轮；12-后行星齿轮；13-后内齿轮；14-后行星齿轮架；15-前进挡离合器；16-前进挡单向离合器；17-超越离合器；18-低速挡单向离合器；19-低速挡和倒挡制动器；20-驻车制动爪；21-驻车制动齿轮；22-输出轴；23-惰轮；24-输出齿轮

日产 RE4F04B 自动变速器不同挡位各换挡执行元件的工作表   表 3-7

换挡位置		倒挡离合器 5	高速挡离合器 6	前进挡离合器 15	超越离合器 17	制动带伺服装置			前进挡单向离合器 16	低速挡单向离合器 18	低速挡和倒挡制动器 19	锁止	备 注
						2挡加压	3挡释放	4挡加压					
P													驻车位置
R		○									○		倒挡位置
N													空挡位置
D*4	1挡			○	*1D				B	B			自动换挡 1⇔2⇔3⇔4
	2挡			○	*1A				B				
	3挡		○	○	*1A	*2C	C		B			*5○	
	4挡		○		C		*3C	○				○	
2	1挡			○	D				B	B			自动换挡 1⇔2⇔3
	2挡			○	A	○			B				
1	1挡			○					B		○		锁止(保持固定)在 1 挡速度 1⇔2⇔3
	2挡			○	○	○			B				

说明：*1：当超速挡控制开关置于 OFF 时工作。

*2：油压加在制动带伺服器活塞的 2 挡"加压"侧和 3 挡"释放"侧。但是，制动带并不收缩，因为"释放"侧的油压作用面积比"加压"侧大。

*3：在上述*2 的情况下，油压加在 4 挡"加压"侧，这里制动带收缩。

*4：当超速挡控制开关置于 OFF 时，自动变速器不会换至 4 挡。

*5：当超速挡控制开关置于 OFF 时工作。

○：工作。

A：节气门开度小于 3/16 时工作，使发动机制动有效。

B：渐进加速过程中工作。

C：工作，但不影响动力传递。

D：节气门开度小于 3/16 时工作，但不影响发动机制动效能。

根据以上资料描述 RE4F04B 自动变速器各挡动力传递路线。

三、评价反馈

1. 使用(维修)案例分析

利用所学知识，分析丰田雷克萨斯 LS400 轿车因自动变速器离合器损坏而导致的故障。

故障症状：丰田雷克萨斯 LS400 轿车(装用 A341E 自动变速器)在行驶 180000km 后，自动变速器即出现不能自动升挡故障，无论如何增减节气门开度，车速都不能超过 80km/h。

故障排除：经过实际路试和分析，该轿车故障发生在自动变速器内，引起该故障的可能原因有：

(1) 超速离合器、直接离合器和前离合器片磨损严重。

(2) 电磁阀有故障或线路问题。

(3) 自动变速器油(ATF)量过少。

(4) 各换挡阀有故障等。

首先，对自动变速器油油量进行检查，未见异常，符合标准，排除自动变速器油(ATF)油量过少的原因；接着对各电磁阀分别进行通电、断电检查，均工作正常，排除电磁阀故障或线路问题。

随后,拆卸油底壳,将阀体拆卸下来,仔细检查和调试,发现节气门阀弹簧已折断,将此弹簧换成新件,组装后进行路试,故障依旧。于是,再次解体自动变速器,重点对超速离合器、直接离合器和前进离合器进行检测,首先对直接离合器和超速离合器的活塞进行检测,用百分表即可测量,其百分表指示活塞行程为2.30~2.56mm(标准值为1.85~2.15mm),显然活塞行程高于标准值。继续检查摩擦片,发现摩擦片已磨损过度(摩擦材料已经很薄),有的基本磨光。接着对前进离合器组件的间隙进行检查,百分表指示前进离合器组件间隙为1.50~1.68mm(标准间隙为0.50~0.90mm),检查结果显示离合器片已磨损严重,其他零件均正常。

将这三组离合器片换成新件,重新组装后进行检测,直至符合标准值为止。最后,装回车上进行路试,起动正常,车速可达到150km/h以上,而且升降挡也正常。

解释离合器故障为什么会引起自动变速器不能自动升挡?

①查阅其他学习资料,总结导致自动变速器发生不能自动升挡故障的原因有哪些?

②在没有维修手册的情况下,应该怎样收集各种数据标准?

2. 学习自测题
1) 选择题
(1) 在行星齿轮机构中,只有当(　　)时,才能获得倒挡。
  A. 行星架制动,齿圈主动　　　　　　　　B. 行星架主动,太阳轮制动
  C. 齿圈制动,太阳轮主动　　　　　　　　D. 行星架主动,齿圈制动
(2) 两组行星轮共用一个太阳轮的是(　　)。
  A. 辛普森式　　　　　B. 拉维娜式　　　　　C. 串联式
(3) A341E型自动变速器中C_1离合器严重打滑,会没有(　　)。
  A. 倒挡　　　　B. 前进挡　　　　C. 3挡　　　　D. 4挡
(4) 有一台A341E型自动变速器在换挡杆处于2位置时没有发动机制动效果,应该是(　　)出现问题。
  A. B_0　　　　　　　B. B_1　　　　　　　C. B_2

2) 判断题
(1) 根据换挡工况需要,自动变速器中的单向离合器由液压系统控制器自由或锁止。(　　)
(2) 自动变速器中制动器的作用是把行星齿轮机构中的某两个元件连接起来,形成一个整体共同旋转。(　　)
(3) 自动变速器离合器的自由间隙是利用增减离合器摩擦片或钢片的数量进行调整的。(　　)
(4) 在自动变速器中使用数个多片湿式制动器,为使其停止运作时油缸排油迅速,其油缸内设置止回阀钢珠。(　　)

3) 问答题

(1) 如果 A341E 型自动变速器单向离合器 F_2 装反,变速器会出现什么故障现象?

(2) A341E 型自动变速器制动器 B_2 打滑,变速器会出现什么故障现象?

3. 维修信息获取练习

(1) 利用维修手册查阅 A341E 型自动变速器装配步骤,并将所查到的步骤记录下来。

(2) 利用维修手册查找大众 097 自动变速器离合器的检修方法,并将所查找到的结果记录下来。

4. 学习目标达成度的自我检查(表3-8)

自我检查表 表3-8

序号	学习目标	达成情况(在相应的选项后打"√")		
		能	不能	如果不能,是什么原因
1	叙述行星齿轮机构、离合器、制动器和单向离合器的作用、结构和工作过程			
2	叙述辛普森式行星齿轮机构结构及分析动力传递过程			
3	查阅资料自行制订检查行星齿轮机构、离合器、制动器和单向离合器的计划,并实施			
4	尝试分析拉维娜式和串联式行星齿轮机构结构及其动力传递过程			

5. 日常表现性评价(由小组长或者组内成员评价)

(1) 工作页填写情况。(　　)

　　A. 填写完整　　B. 缺失 0~20%　　C. 缺失 20%~40%　　D. 缺失 40% 以上

(2) 工作着装是否规范?

　　A. 穿着校服(工作服),佩戴胸卡　　B. 校服或胸卡缺失一项

　　C. 偶尔会既不穿校服又不戴胸卡　　D. 始终未穿校服、佩戴胸卡

(3) 能否主动参与工作现场的清洁和整理工作?(　　)

　　A. 积极主动参与 5S 工作　　B. 在组长的要求下能参与 5S 工作

　　C. 在组长的要求下能参与 5S 工作,但效果差　　D. 不愿意参与 5S 工作

(4) 是否达到全勤?（　　）
　　A. 全勤　　　　　　　　　　　　　　　　B. 缺勤 0~20%（有请假）
　　C. 缺勤 0~20%（旷课）　　　　　　　　　D. 缺勤 20% 以上
(5) 总体印象评价。（　　）
　　A. 非常优秀　　　　B. 比较优秀　　　　C. 有待改进　　　　D. 急需改进
(6) 其他建议：

小组长签名：_____　　　　_____年_____月_____日

6. 教师总体评价
(1) 对该学生所在小组整体印象评价。（　　）
　　A. 组长负责，组内学习气氛好
　　B. 组长能组织组员按要求完成学习任务，个别组员不能达成学习目标
　　C. 组内有 30% 以上的学员不能达成学习目标
　　D. 组内大部分学员不能达成学习目标。
(2) 对该学生整体印象评价：
_____
_____
_____。

教师签名：_____　　　　_____年_____月_____日

学习任务 4　液压控制系统的检修

学习目标

完成本学习任务后,你应当能:
1. 叙述液压控制系统的组成及各部分功用;
2. 回顾 ATF 油泵的结构及工作原理;
3. 分析液压控制系统主要阀门的结构和工作原理;
4. 查阅维修资料获取油压试验的方法,并实施;
5. 在教师的指导下,制订阀体拆卸和安装的计划,并实施;
6. 学会查阅液压控制系统油路图。

建议完成本学习任务为 12 学时

内容结构

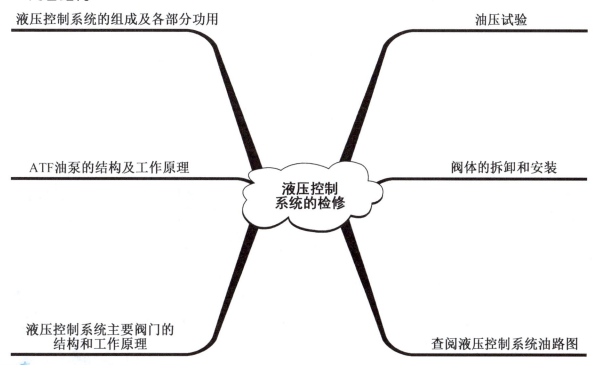

学习任务描述

配有自动变速器的轿车,发动机工作正常,但行驶无力且换挡困难。经检查,确定自动变速器电控系统和机械装置正常。请利用油压试验诊断自动变速器,查找故障原因,如有需要,按规范更换自动变速器阀体。

液压控制系统是自动变速器的控制中心,若其工作不良会使自动变速器产生各种各样的故障,如车辆不能行驶、打滑、驱动无力、换挡冲击和频繁跳挡等,液压测试是检测自动变速器液压控制系统技术状况与故障诊断的有效手段。

一、学习准备

 1.自动变速器液压控制系统的安装位置、组成及功能。

1)自动变速器液压控制系统的安装位置

液压控制系统元件安装在自动变速器阀体上。如图4-1所示,自动变速器阀体是作为一个整体安装在变速器壳上,由铝或铁加工铸造而成,阀体上有孔、油道和各种阀。

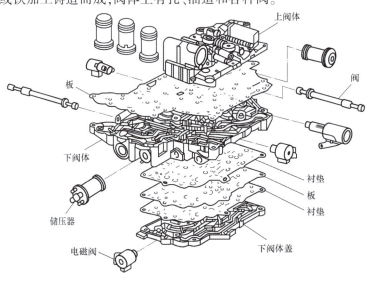

图4-1 典型的自动变速器阀体总成

阀体分为液力控制自动变速器阀体和电控自动变速器阀体两种,主要由油压调节系统、控制参数信号系统、自动换挡控制系统和液力变矩器锁止控制系统等组成。油压调节系统由油压调节装置组成,可满足自动变速器各种工况对油压的要求。控制参数信号系统由节气门调压阀和速度调节阀等元件组成。自动换挡控制系统由选挡阀、换挡控制阀和换挡品质控制阀等组成。液力变矩器锁止控制系统由锁止阀等组成。

2)液压控制系统的组成及功能

液压控制系统主要有油泵、主调压阀、手动阀、换挡阀和电磁阀等元件,为提高变速器的换挡品质,液压控制系统上还有蓄压器、节流阀和散热器等元件。

(1)形成液压:液力变矩器驱动油泵产生液压。

(2)调节液压:为适应车辆各种工况,油压调节阀可调节油泵产生的液压。

(3)换挡控制:手动阀和换挡阀等可改变油液流动方向,使离合器和制动器接通或断开,实现换挡。

二、计划与实施

 2.图4-2所示为AW03-72LE自动变速器的N挡油路图,请在图中找出以下几种油压。

自动变速器的液压控制系统中,设有多个不同压力的控制油路,利用不同压力来控制油路,进而实现控制各种指令性、逻辑顺序和反馈控制等动作。

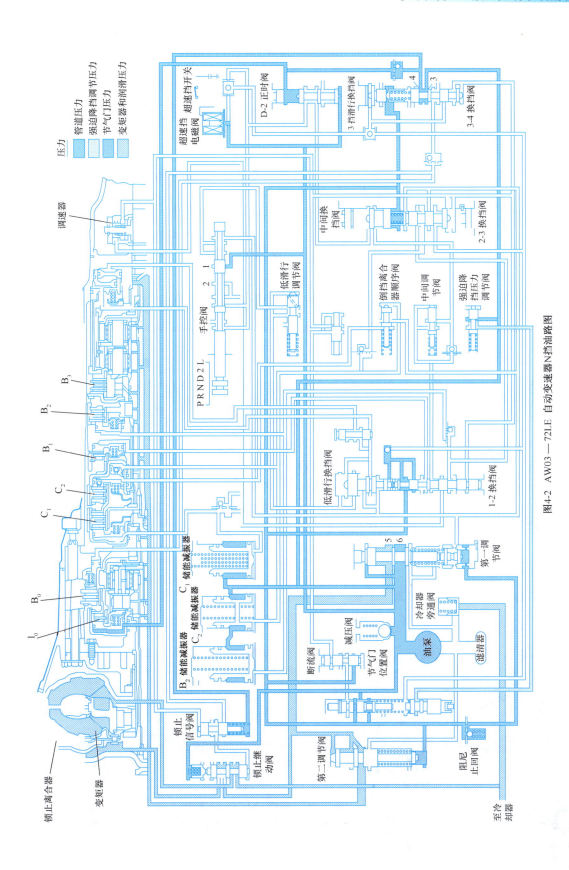

图4-2 AW03—72LE 自动变速器N挡油路图

1) 主油路压力(主油压)

主油路压力(主油压)是指油泵输出压力经过主油压调节阀(第一调压阀)调节后产生的油压,又称管路油压或管道油压,是自动变速器中最基本和最重要的油压。

2) 发动机负荷信号油压

发动机负荷信号油压是指节气门调节阀调节后产生的油压,又称节气门油压,可反映发动机负荷大小。部分电控自动变速器控制系统中,发动机负荷信号由ECU直接处理并发出控制命令。

3) 车速信号油压

车速信号油压是指调速阀(调速器)将主油压调节成随车速变化而变化的油压,用来进行换挡控制和主油压调节。

4) 变矩器工作油压

变矩器工作油压是指由第二调节阀(副调节阀)调节而获得的油压,可使变矩器实现液力传动,控制锁止离合器(TCC)工作,同时具有润滑变速器内各机械零件的作用。

5) 蓄压器背压

蓄压器背压是蓄压减振器根据需要控制和调节主油压,进而控制换挡执行元件活塞油压,实现改进换挡品质的目的(蓄压减振器是为减小换挡所造成的冲击而在自动变速器的液压控制系统中设置的一种装置)。

3. ATF油液在自动变速器中的流动情况无法直接被观测到,只能通过对液压测试来分析判断。

导致自动变速器出现同一故障现象的原因有多种,如导致自动变速器离合器打滑的故障原因有:机械部分的摩擦元件损坏;液压系统压力低,使离合器片压紧力不够。通过油压试验可准确了解液压系统的压力状况,分辨出是否由液压系统故障引起的自动变速器故障。

1) 准备工作

(1) 准备一只量程为0~7MPa的油压表。若油压表的量程过大,试验数据误差过大;若油压表的量程过小,则不能满足使用要求,甚至损坏压力表。

小提示

实际工作时最好准备指针式与电子数字式两种压力表。指针式压力表可以很好地观察到压力的变化情况,而电子数字式压力表则可以很精确地测量到压力数值。

(2) 准备油压试验连接油管,需选用直径合适的耐高压橡胶软管。这是因为:若油管内径过小,则会导致油压测试灵敏度变差;若油管内径过大,则操作不方便。

(3) 需准备使用配套的油压试验专用接头,以免出现油压试验时变速器油泄漏,进而损坏变速器油压试验接头螺纹,造成变速器故障隐患。

(4) 在准备好相应的工具之后,查阅维修资料,需先了解各系统液压试验接头在变速器上的位置,否则不能准确测试系统油压,如图4-3所示为丰田A340和A341自动变速器油压测试点。

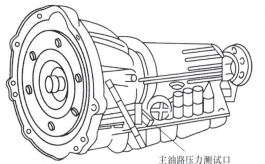

图4-3 丰田A340、A341自动变速器油压测试点

2)查阅维修资料,制订油压试验的工作计划
(1)如图4-4所示,关闭发动机,变速器挡位置于P位,实施驻车制动,并用垫木将4个车轮可靠固定。

小提示

在失速转速下进行管路压力测试时,将制动踏板始终踩到底。

(2)如图4-5所示,拆下需测试油压接点堵头,接上油压测试管接头,接上油压软管及油压表。

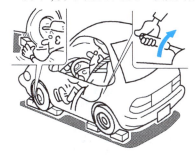
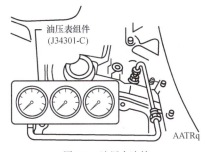

图4-4 油压试验准备工作　　　　　图4-5 油压表连接

小提示

仔细检查,油管与导线不应与汽车或发动机的旋转运动零件接触。

(3)检查ATF和发动机机油的液面高度,如有必要,按规定添加。
(4)起动发动机,运行10min或直至ATF和发动机机油达到工作温度(ATF工作温度为50~80℃),检查油压测试管接头与油管的连接处有无泄漏。
(5)如图4-6所示,起动发动机,并测量怠速和失速时的管路压力。

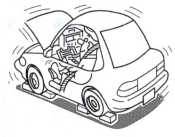

图4-6 怠速和失速的管路压力测试

小提示

在某些情况下,各挡位的主油压均需要进行测试,以便进行故障分析。此时应用举升机将汽车举起,使驱动轮离地,并将换挡杆置于所需要的挡位。

3)按计划完成油压试验,并做好试验记录(表4-1)

试 验 记 录　　　　　　　　　　　　表4-1

试验工况	变速器挡位	试验数据
怠速	P位	
	D位	
	R位	
失速	P位	
	D位	
	R位	
试验结果判断		

怠速油压值反映的是自动变速器工作时的_____(最大/最小)工作压力;失速油压值反映的是自动变速器工作时的_____(最大/最小)工作压力。

小提示

在某些自动变速器上还设有以下几种油压测试接点:发动机负荷信号油压、车速信号油压、各换挡执行元件的油压、变矩器工作油压和锁止离合器的控制油压。

在测试上述油压时,应根据实际情况进行选择,在分析时应注意各油压值之间的相互联系与影响。

4. ATF油泵出现故障,会导致所有液压系统的油压发生变化。因此,系统油压异常时,有必要对油泵进行检修。

常用的ATF油泵有三种:齿轮泵、转子泵和叶片泵,比较常用的是齿轮泵。

ATF油泵是自动变速器内所有液压油的动力源,一般由变矩器直接驱动,只要发动机处于起动状态,ATF油泵就会开始工作,并为变速器各部分提供液压油,直到发动机熄火ATF油泵才会停止工作。

(1)如图4-7所示,拆卸ATF油泵,对其结构进行认识。

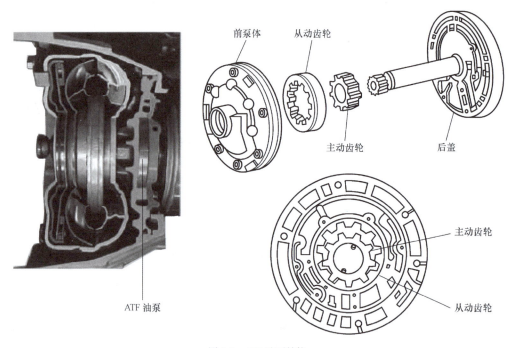

图4-7 ATF油泵结构

(2)在图4-8上分别涂上进出油流,并写出其工作原理:

_____

_____

_____。

(3)若利用油压试验判断出故障部件为油泵,则需拆卸油泵检修,图4-9为内啮合齿轮泵的检查,试分析该检查项目对油泵的工作有何影响。

_____

_____。

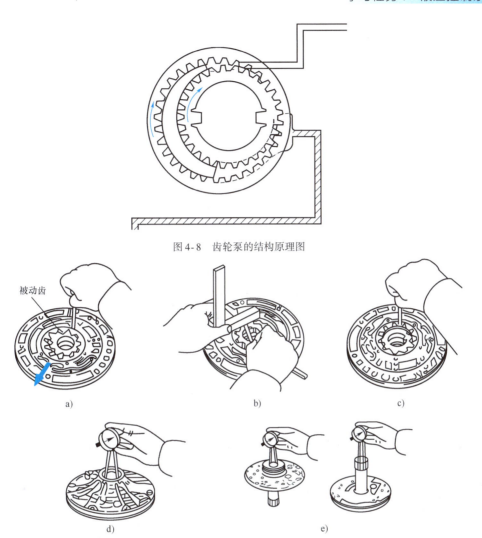

图 4-8 齿轮泵的结构原理图

图 4-9 内啮合齿轮泵的检查

a) 内齿轮与壳体间隙；b) 齿轮端隙；c) 齿顶与月牙板间隙；d) 壳体衬套内径；e) 转子轴套前、后端直径

（4）拖曳自动变速器车辆时应注意哪些事项？

①车辆出现故障而被其他车辆拖曳时，一般规定被拖曳的车辆速度必须控制在一定范围以内（30～50km/h），拖曳也不能超过一定距离范围（50～80km），以免使变速器出现严重磨损。这是因为当车辆出现故障时，发动机停止工作，此时_____无法工作，变速器内没有_____流动，从而导致故障的出现。

②配置自动变速器的车辆不能采取拖车的方式进行起动，其原因是：

_____

_____

_____ 。

 小提示

在拖曳配置自动变速器的故障车辆时，最好使驱动轮脱离地面或拆掉传动轴，即脱开传动系统与自动变速器之间的连接，以防损坏自动变速器。

5. 确定油泵工作正常后,应正确拆卸、检查、清洗和安装阀体,阅读下面自动变速器(大众01V)阀体的拆卸步骤。根据你所维修的自动变速器,查阅相关的维修资料,制订详细的拆卸、检查和安装计划。

小提示

原则上需更换脏的或损坏的阀体,维修自动变速器时应遵循相关清洁规定。

1)阀体总成拆卸

(1)拆下油底壳和机油滤清器。

(2)如图4-10所示,拆下线束插头锁卡(箭头所指部位)。

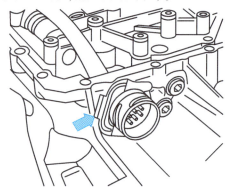

图4-10 拔下线束插头

(3)如图4-11所示,对于由E17液压控制的自动变速器,需拔下变速器转速传感器G38上(箭头所指部位)的插头连接。

如图4-12所示,对于由E18-2液压控制的自动变速器,需拔下变速器转速传感器G38上(A)的插头连接,拔下到变速器输入转速霍尔传感器G182(B)的插头连接。

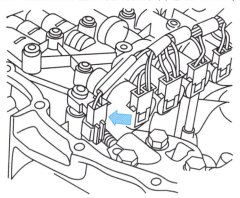 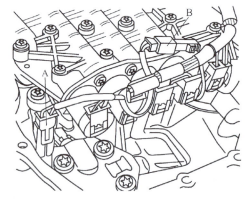

图4-11 拔下变速器转速传感器插头　　图4-12 拔下变速器转速传感器插头(A、B-插头连接)

(4)如图4-13所示,松开阀体固定螺栓(箭头所指部位),取下带线束的阀体。注意:只允许松开(箭头所指部位)标明的固定螺栓,这是因为松开其他的螺栓会影响阀体的功能或者使整个阀体散开。对于由E17液压控制的自动变速器,箭头A所指的螺栓比其他的螺栓短且细,要注意其安装位置。对于由E18-2液压控制的自动变速器,不要安装图4-13中箭头A所指的螺栓。从变速器上取下阀体,同时要跟踪线束插头。对于由E17液压控制的自动变速器,不可将拆下的阀体放到阀体后侧的自动变速器输入转速传感器上,以免损坏阀体。

学习任务4　液压控制系统的检修

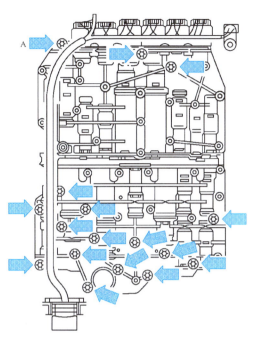

图4-13　拆卸阀体

 小提示

实施计划时应注意工作安全,需要特别注意使用举升机举升车辆的安全注意事项。

你所维修的自动变速器型号是_____,其阀体的拆卸步骤是:

_____
_____
_____
_____
_____
_____
_____
_____
_____。

 小提示

阀体常见损坏原因及形式:

(1)油中有杂质会导致阀体柱塞卡滞、阀体柱塞拉伤、泄油孔堵塞和滤网堵塞。

(2)弹簧疲劳或受损会导致弹簧长度变短或折断。

(3)滚珠磨损和阀座磨损会导致阀体内的止回球阀滚珠与阀座密封不严。

(4)螺栓拧紧力矩不足、螺栓滑丝或阀体变形会导致油路泄漏。

(5)配件质量差会导致阀体铸件有砂眼。

(6)腐蚀或维修时将油道损伤会导致油道之间出现腐蚀和变形。

2)阀体总成安装

大众 01V 自动变速器阀体的安装步骤：

(1)在线束插头的 O 形密封圈上涂 ATF,将线束插头装到变速器壳体内,保证线束后部平面向下,线束保持水平。

(2)对于由 E18-2 液压控制的自动变速器,根据图 4-14 所示铺设插头线束 C,以免安装阀体时卡住线束。

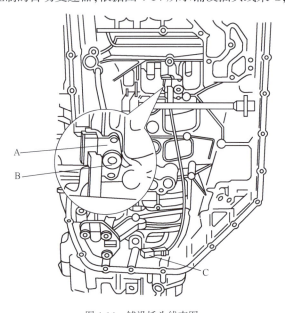

图 4-14　铺设插头线束图
A-输入转速传感器;B-螺栓;C-插头

(3)如图 4-15 所示,无应力安装阀体,且将定位板的销 1 推至换挡推杆槽 2 内。

(4)如图 4-13 箭头所示,先用手预紧阀体螺栓,再从内向外拧紧阀体螺栓。螺栓的拧紧力矩为 8N·m。

(5)对于由 E18-2 液压控制的自动变速器,从阀体和线束之间向上拉出带变速器输入转速传感器 G182 插头的电缆。如图 4-16 所示,将线束上两个插头 A 和 B 插接到一起,将插头 C 插到变速器转速传感器 G38 上。对于由 E17 液压控制的自动变速器,则将图 4-11 箭头所指的插头插到变速器转速传感器 G38 上。

图 4-15　安装阀体
1-销;2-换挡推杆

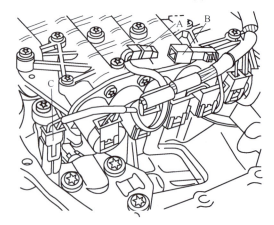

图 4-16　连接插头
A、B、C-插头

（6）如图4-10箭头所示，将卡夹夹到线束插头上后，再装上机油滤清器和油底壳并加注ATF。

你所维修的自动变速器型号是_____，其阀体的安装步骤是：

_____
_____
_____
_____
_____
_____。

 小提示

自动变速器故障分为明显故障和不明显故障两类。明显故障的原因可以按照维修资料的提示进行查找；不明显故障的原因则需依靠维修技师的经验作出推测。

当自动变速器出现故障时，若电控系统和机械装置正常，则需尝试更换阀体总成排除故障。

 6. 阀门大多在阀体上，阀体的故障多数是由阀门引起，试认识主要阀门的结构并分析其工作原理。

1）压力调节阀的结构及其工作原理

自动变速器中，油压的高低与元件的功能和车辆行驶的工况有关，为满足对油压的不同要求，液压控制系统中设置了许多压力调节阀，主要有主调压阀、第二调节阀、节气门阀和速控阀。

压力调节阀的特点是在保持输入油压恒定的情况下，可以使输出油压随着力、位置、转速或电流等外部信号的变化而变化。

（1）主调压阀。

①观察图4-17，主调压阀主要由_____、_____、_____和_____等组成。其作用主要有两个：一是用于调整离合器和制动器的工作油压；二是用于进一步调节自动变速器内的其他油压。

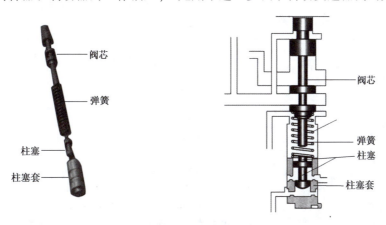

图4-17 主调压阀的组成

②主调压阀将油泵产生的液压调节后形成主油路压力，是整个液压系统中各阀的基础液压，可通过主油路压力检测口进行测量。主调压阀的工作原理如图4-18所示。

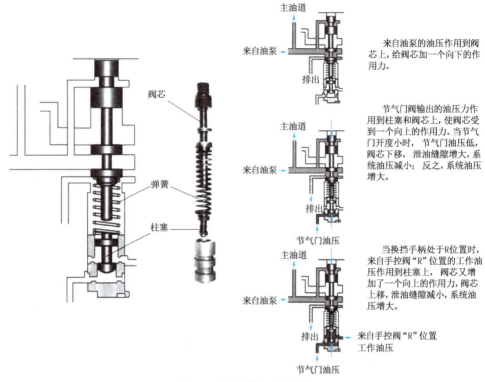

图 4-18　主调压阀工作原理图

(2) 第二调节阀(副调压阀)。

第二调节阀的作用是将经主调压阀调节之后的主油路压力进一步调节为控制液力变矩器的液压,同时保证齿轮变速器内部各机械零件的润滑。如图 4-19 所示,压力大小随车速和节气门开度的变化而改变：当发动机怠速运转,车辆低速行驶时,油压低;当高速、大负荷运转时,油压随之升高。

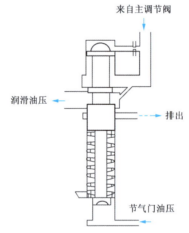

图 4-19　第二调节阀的结构工作图

(3) 节气门阀。

节气门阀产生与节气门开度(负荷)相对应的节气门油压,是变速器控制换挡的基本信号之一,加速踏板通过拉索控制节气门阀的驱动凸轮,使阀芯移动。如图 4-20 所示,踩下加速踏板时,节气门拉索被拉动,凸轮转动,将强制低挡柱塞上推,压缩调压弹簧,调压弹簧推动节气门阀体向上移动,泄油口开大,节气门阀输出的油压力升高。

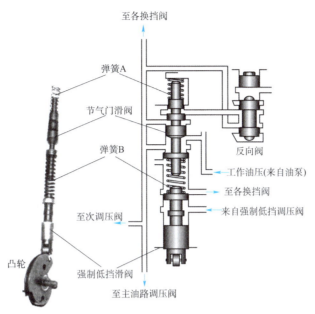

图4-20 节气门阀的结构工作图

(4)速控阀(调速器)。

速控阀的作用是根据车辆的速度变化产生与车辆行驶速度相对应的油压,即速控油压,使其作用在各换挡阀下部,与节气门阀油压共同控制各换挡阀的换挡,是控制换挡和液力变矩器锁止的基本信号之一。如图4-21所示,当自动变速器输出轴不转动时,速控阀无速控油压输出;当自动变速器输出轴转动时,速控阀输出油压的高低与车速相对应。车速低,则速控阀输出的油压低;车速高,则速控阀输出的油压高。

2)开关阀的结构和工作过程

手动阀与换挡阀都属于重要的开关阀。开关阀阀芯位置随着外部控制信号的变化而变化,进而改变液压油的流动方向。

(1)手动阀的结构和工作过程。

手动阀经机械传动机构和自动变速器的操纵手柄相连,是一种由驾驶人手工操作控制的多路换向阀,位于控制系统的阀体总成中。

根据自动变速器操纵手柄的位置,手动阀使自动变速器处于不同的挡位状态。如图4-22所示,当手动

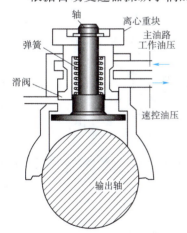

图4-21 速控阀的结构工作图

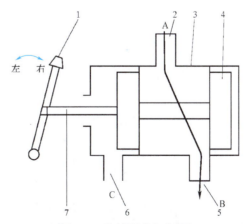

图4-22 手动阀的结构示意图

1-手动换挡杆;2-A进油口;3-柱塞阀套;4-手动阀;5-B出油口;6-C出油口;7-连动杆或拉索

换挡杆处于右端位置时，A口与B口的油路接通，即管路油压由A口进入，B口流出；当手动换挡杆处于左端位置时，A口与C口的油路接通，即管路油压由A口进入，C口流出。

如图4-23和图4-24所示，在操纵手柄处于不同位置时，如停车挡（P）、倒挡（R）、空挡（N）、前进挡（D）、前进低挡（S、L或2、1）等，手动阀也随之移至相应的位置，使进入手动阀的主油路与不同的控制油路接通，或直接将主油路压力油送入不同的控制油路，使控制系统及自动变速器处于不同的工作状态。

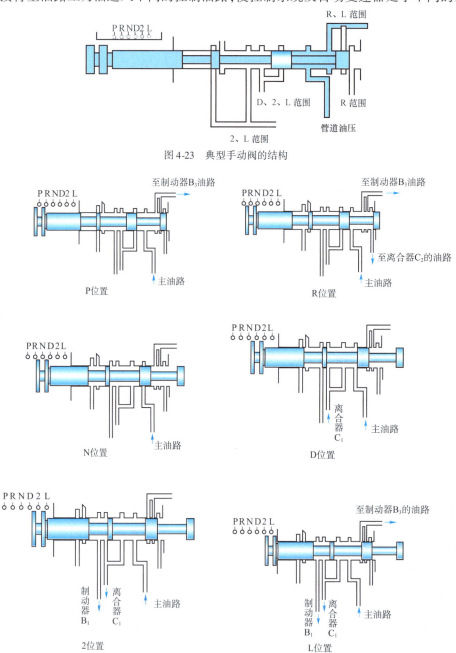

图4-23 典型手动阀的结构

图4-24 典型手动阀的工作过程

（2）换挡阀的结构和工作过程。

换挡阀与手动阀都是控制油液流向的阀，区别在于手动阀的工作过程是人工控制的，换挡阀的工作过程是自动实现的。

如图 4-25 中所示，X、Y 处没有施加液压时，P 被截止，A 液压管路与泄油管路 O 相连，离合器无工作油压。

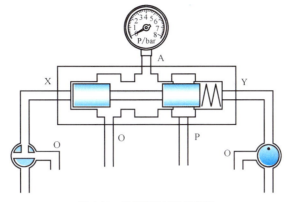

图 4-25　换挡阀的结构示意图

P-来自油泵或压力控制阀的管路；O-通向油底壳的泄油管路；A-直接与离合器或制动器相连的液压管路；X-滑阀控制油路；Y-弹簧侧滑阀控制油路

①如图 4-26 所示，当来自 X 的油压作用在滑阀的左侧时，滑阀将会克服右侧的弹簧张力而向_____移动，此时_____与_____接通，而_____被截止，离合器_____（能/不能）工作。

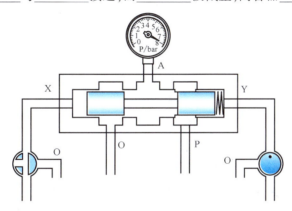

图 4-26　换挡阀的工作过程 1

②如图 4-27 所示，当 X、Y 处都施加了控制油压，由于滑阀两侧的截面积相等，滑阀处于_____状态。由于右侧比左侧多了_____力，所以滑阀_____侧的作用力比_____侧的要大，滑阀会回到_____侧的初始位置，这时离合器的工作油路与开始时相同。

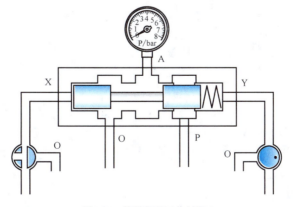

图 4-27　换挡阀的工作过程 2

③图 4-28 所示为 1-2 挡换挡阀的工作状态。

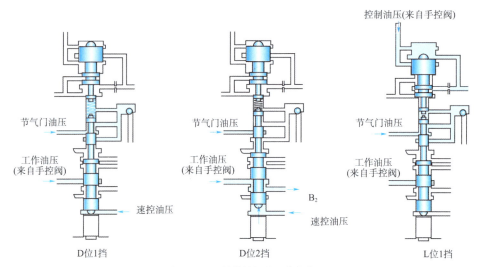

图 4-28 1-2 挡换挡阀的工作状态

D 位 1 挡:节气门开度大、车速低时,节气门油压与弹簧力之和大于速控油压,阀芯下移,自动变速器处于 1 挡。

D 位 2 挡:节气门开度小、车速高时,节气门油压与弹簧力之和小于速控油压,阀芯上移,接通制动器 B_2 的油路,自动变速器处于 2 挡。

L 位 1 挡:换挡杆处于 L 位置时,来自手控阀的控制油压作用于低—倒挡柱塞上,阀芯始终处于下端,不能上移,自动变速器始终为 1 挡,不能升至 2 挡。

3)电控自动变速器换挡阀的工作过程

全液压控制的自动变速器中,作用在换挡阀上的油压分别是速控油压、节气门油压和换挡阀弹簧的弹力。如图 4-25 所示,换挡阀的位置取决于两端控制压力的大小,X 为速控油压,Y 为节气门油压。在电控自动变速器中,作用在换挡阀上的油压有了较大的改进。

(1)如图 4-29 所示,若 X 没有施加液压,此时滑阀在_____力的作用下而向_____移动,使_____与_____接通,_____与_____接通并泄压。此时_____(离合器 A、离合器 B)工作,实现了相应的一个挡位 2。

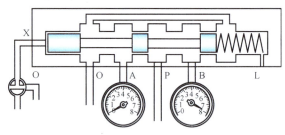

图 4-29 电控换挡阀的工作过程 1

P-油压管道;O-通向油底壳的泄油管路;X-滑阀控制油路;L-弹簧力;A-直接与离合器或制动器相连的液压管路 1(挡位 1);B-直接与离合器或制动器相连的液压管路 2(挡位 2)

(2)如图 4-30 所示,当来自 X 的压力作用在滑阀_____侧,会使滑阀克服右侧的_____而向_____移动,使_____与_____接通,_____与_____接通并泄压。此时_____(离合器 A、离合器 B)工作,实现了另一个挡位 1。

电控自动变速器换挡阀通过控制有无液压作用在滑阀上实现了两个挡位的控制,该液压是通过电磁阀来控制的。

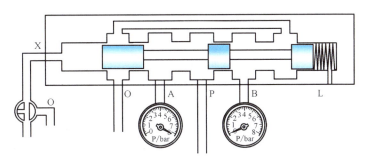

图 4-30　电控换挡阀的工作过程 2

如图 4-31 所示为 3-4 挡电磁换挡阀的工作状态。车速低时,锁止油压、节气门油压和弹簧力的合力大于速控油压,阀芯下移,接通离合器 C_0,自动变速器处于 D_3 挡。车速高并接通电磁阀电路时,阀芯上移,离合器 C_0 油路关闭,油路接通到 B_0 和锁止信号阀,自动变速器处于 D_4 挡,锁止离合器处于锁止状态。

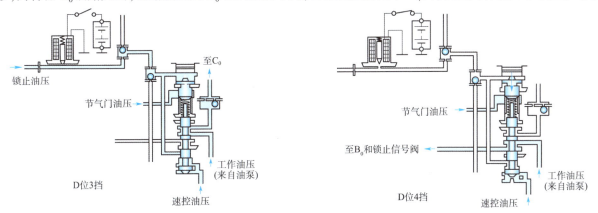

图 4-31　3-4 挡电磁换挡阀工作状态

4) 蓄压减振器的工作原理

为提高自动变速器的换挡品质,可在液压控制系统内采用蓄压减振器、缓冲阀、限流阀、节流阀以及节流孔等。

 小词典

换挡品质控制是自动变速器液压控制系统中的基本控制功能之一。

换挡品质是指换挡过程的平顺性,即换挡能平稳而无颠簸或无冲击地进行。

(1) 如图 4-32 所示,蓄压减振器储存少量压力油液,其油路与相应的执行器_____(并联/串联),即作用在活塞上的液压与执行器的液压相同,其作用是(在图 4-32 中将液压涂上颜色):_____。

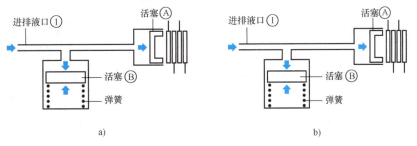

图 4-32　蓄压减振器的结构

①如图4-32a)所示,换挡时若作用在执行器活塞上的液压过高,该液压在蓄压减振器的活塞上产生的推力_____(增大/减少),若该作用力比弹簧力大,此时蓄压减振器上的活塞_____(上移/下移),蓄压减振器上方的容积_____(增大/减少),从而使液压_____(升高/降低),降低换挡冲击的产生。

②如图4-32b)所示,换挡时若作用在执行器活塞上的液压低,该液压在蓄压减振器的活塞上产生的推力_____(增大/减少),若该作用力比弹簧力小,此时蓄压减振器上的活塞_____(上移/下移),蓄压减振器上方的容积_____(增大/减少),从而使液压_____(升高/降低),避免换挡打滑的产生。

(2)观察图4-33中所示的蓄压减振器,与上面学习过的蓄压减振器有什么区别?

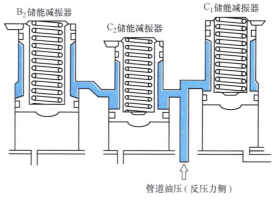

图4-33　蓄压减振器

(3)分析蓄压减振器在出现以下几种情况时所引起的故障现象?

弹簧断裂:_____。

弹簧力调整过大:_____。

弹簧力调整过小:_____。

活塞O形圈密封不良:_____。

三、评价反馈

1. 实践练习

(1)查找维修资料获取你所维修的自动变速器的油路图,按下面的提示阅读各挡位油路,并在课堂上向其他同学阐述自己的观点。

要排除与阀体有关的故障,必须完全理解该自动变速器是如何工作的,此时应查找该变速器的油路图,并查找各挡位的油路。

小提示

查阅油路图的方法:

①一次只查一条油路。

②从油泵开始。
③注意手动阀油路的压力和标志及调速器阀油路的连接。
④首先查油路的主要部分,再查交替油路的部分。
⑤要根据工作原理来理解油路。
⑥油路图不显示组成部分的实际位置。
⑦要沿着被标记的油路通道进行查找。
⑧要特别注意油液流动的方向和节流孔、止回阀的位置。

(2)分析主油路压力试验的结果,并完成表4-2。

主油路压力试验　　　　　　　　　　　　　　　表4-2

试验工况	试验结果	可能原因
怠速	在所有位置管路压力均低	
	在某些位置管路压力低	
失速	管路压力高	
	管路压力低	

2.学习自测题

1)填空题

(1)用于自动变速器各种阀的基本形式有_____、_____、_____和_____等。

(2)自动变速器的油压试验包括:_____、_____和_____。

(3)常见的油泵有_____、_____和_____三种形式。

(4)自动变速器的失速试验时间不应超过_____s。

(5)检查变速器油面高度时,油温必须_____,发动机处于_____状态。

2)判断题

(1)以工作液体的压力能进行能量传递和控制的装置称为液力传动。　　　　(　　)

(2)油泵仅在汽车行驶时工作。　　　　(　　)

3)选择题

(1)下列叙述属于ATF的功用的是(　　)。
　　A.润滑　　　　　　B.减振　　　　　　C.传递动力
　　D.产生油压　　　　E.以上皆是

(2)下列不属于自动变速器液压控制系统的是(　　)。
　　A.油泵　　　　　　B.控制阀　　　　　C.行星齿轮
　　D.油底壳　　　　　E.ATF

(3)自动变速器手动阀的功用是(　　)。
　　A.使离合器及制动带作用平稳　　　　B.供驾驶人选择行驶范围
　　C.配合发动机需要调整油压　　　　　D.配合速度调整油压

(4)有关于自动变速器油油量检查,下列叙述正确的是(　　)。
　　A.发动机维持怠速运转,换挡杆置于P或N位,拉紧驻车制动器操纵手柄
　　B.发动机不用起动,换挡杆置于P或R位,拉紧驻车制动器操纵手柄
　　C.发动机运转至1500r/min,换挡杆置于P或R位,拉紧驻车制动器操纵手柄
　　D.发动机不用起动,换挡杆置于D位

(5)液压自动变速器中行星齿轮组的作用,直接受制于(　　)。
　　A.前后泵　　　　　　B.泵轮与涡轮　　　　C.制动带和多片式离合器
　　D.调速器　　　　　　E.换挡阀门
(6)主油路油压与节气门开度(　　)。
　　A.有关　　　　　　　B.无关　　　　　　　C.低速时有关　　　　D.高速时无关
(7)自动挡车在超速或爬坡时,驾驶人将加速踏板踩到底,此时自动变速器内(　　)阀门产生作用。
　　A.手动控制阀　　　　B.强迫降挡阀　　　　C.3-2挡正时阀　　　D.压力修正阀

3.学习目标达成度的自我检查(表4-3)

自 我 检 查 表　　　　　　　　　　　　　　　　　　　　　　　　　　　表4-3

序号	学习目标	达成情况(在相应的选项后打"√")		
		能	不能	如果不能,是什么原因
1	叙述液压控制系统的组成及各部分功能			
2	叙述ATF油泵的结构和工作原理,正确检修油泵			
3	分析液压控制系统主要阀门的结构和工作原理			
4	油压测试的计划制订与实施			
5	正确拆卸和安装阀体总成			
6	查阅油路图,识别主要油路			

4.日常表现性评价(由小组长或者组内成员评价)
(1)工作页填写情况。(　　)
　　A.填写完整　　　　　　　　　　　　　B.缺失0~20%
　　C.缺失20%~40%　　　　　　　　　　D.缺失40%以上
(2)工作着装是否规范?(　　)
　　A.穿着校服(工作服),佩戴胸卡　　　　B.校服或胸卡缺失一项
　　C.偶尔会既不穿校服又不戴胸卡　　　　D.始终未穿校服、佩戴胸卡
(3)能否主动参与工作现场的清洁和整理工作?(　　)
　　A.积极主动参与5S工作
　　B.在组长的要求下能参与5S工作
　　C.在组长的要求下能参与5S工作,但效果差
　　D.不愿意参与5S工作
(4)是否达到全勤?(　　)
　　A.全勤　　　　　　　　　　　　　　　B.缺勤0~20%(有请假)
　　C.缺勤0~20%(旷课)　　　　　　　　D.缺勤20%以上
(5)总体印象评价。(　　)
　　A.非常优秀　　　　B.比较优秀　　　　C.有待改进　　　　D.急需改进
(6)其他建议:

小组长签名:_____　　　　　　　_____年_____月_____日

5. 教师总体评价

(1) 对该学生所在小组整体印象评价。(　　)

　　A. 组长负责,组内学习气氛好

　　B. 组长能组织组员按要求完成学习任务,个别组员不能达成学习目标

　　C. 组内有30%以上的学员不能达成学习目标

　　D. 组内大部分学员不能达成学习目标

(2) 对该学生整体印象评价：

_____

_____。

教师签名：_____　　　　　_____年_____月_____日

学习任务 5　电子控制系统的检修

学习目标

完成本学习任务后,你应当能:
1. 查阅资料,叙述自动变速器电子控制系统各部件的具体位置和功能;
2. 叙述各种信号、传感器和执行器的作用和基本工作原理;
3. 查阅维修资料,获取自动变速器电子控制系统故障诊断方法和仪器操作方法;
4. 依据维修资料,制订计划,分析和规范检测维修电子控制系统故障。

建议完成本学习任务为 22 学时

内容结构

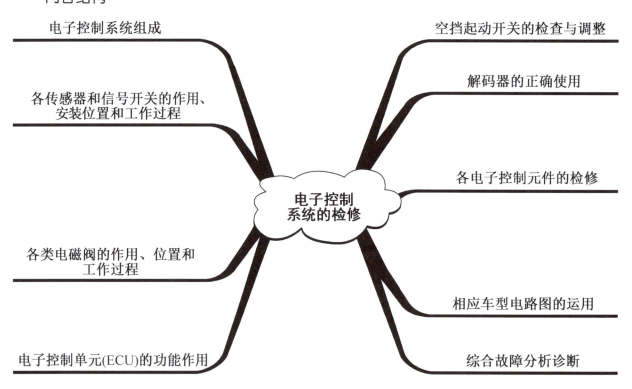

 学习任务描述

诊断和维修自动变速器故障时,通常要检测电子控制系统的各电控元件,请按专业要求规范检查和维修电子控制系统的主要元件。

电子控制系统是自动变速器控制的核心系统,可实现换挡控制、油压控制、锁止离合器控制和故障自诊断等控制功能。

一、学习准备

 1. 手动变速器是通过驾驶人操纵换挡杆实现换挡,自动变速器如何实现换挡?

电子控制系统是自动变速器控制的核心,传感器将汽车行驶速度和发动机负荷等参数转变为电信号输入给 ECU,ECU 根据这些信号作出是否需要换挡的判断,并按照设定的控制程序发出换挡指令,操纵换挡电磁阀控制阀板总成中控制阀的工作(接通或切断换挡控制油路),驱动离合器、制动器等换挡执行元件,自动变速器实现自动换挡。

自动变速器电子控制系统可以控制自动换挡、换挡品质、油压、锁止离合器和失效保护,且能故障自诊断等。

 2. 自动变速器电子控制系统的元件组成及安装位置。

如图 5-1 所示,电子控制系统由信号输入装置(传感器或信号开关)、电子控制单元(ECU)和执行器三部分组成。

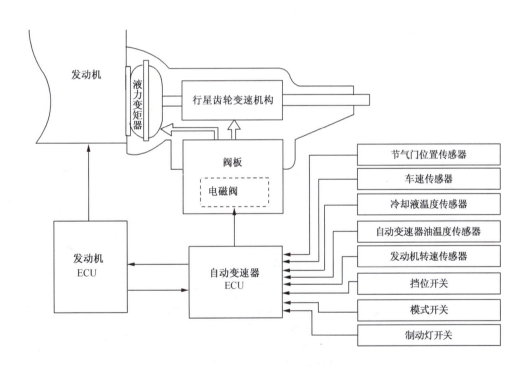

图 5-1 电子控制系统的基本组成

根据对应实训车辆,参考维修手册,查找图 5-2 中自动变速器电子控制系统各元件的具体位置。
根据自动变速器总成及部分电子元件安装位置,请在图 5-3 中空格处填写电子元件名称。

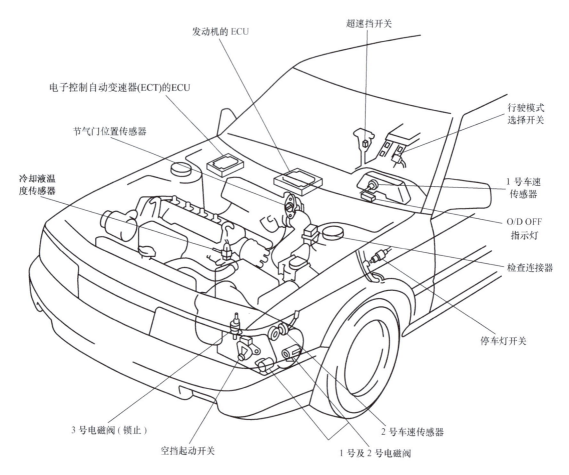

图 5-2 自动变速器电气部件位置图

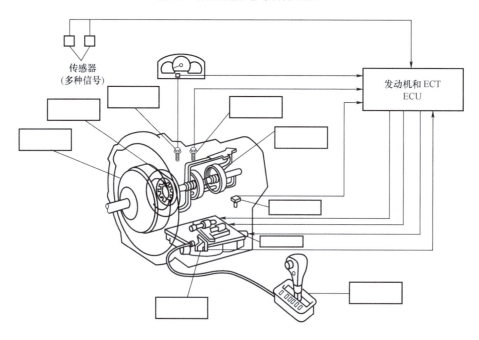

图 5-3 电子元件在自动变速器中的位置

二、计划与实施

> **3. 自动变速器电子控制系统如何控制自动换挡（升挡/降挡）？节气门位置传感器工作不正常会导致的故障有哪些？如何检修节气门位置传感器？**

自动变速器主要是依据节气门位置传感器信号（负荷信号）和车速信号进行自动换挡。

1）节气门位置传感器安装位置、功能和结构及工作原理

打开发动机舱盖，如图5-4所示，节气门位置传感器安装在节气门轴端部，用于测量节气门的开度，即反映发动机负荷大小，节气门位置传感器信号是电子控制自动变速器换挡的主要依据之一。

图5-4 节气门位置传感器安装位置

驾驶人通过加速踏板操纵汽车发动机的节气门，根据不同行驶条件，节气门控制发动机运转。

常见的节气门位置传感器是线性可变电阻型传感器。如图5-5所示，该传感器由一个线性电位计和一个怠速开关组成，节气门轴带动线性电位计及怠速开关的滑动触点。电子控制单元通过节气门传感器获得表示节气门所有开启角度连续变化的模拟信号及其变化速率，是控制不同行驶条件下挡位变换的主要依据之一。

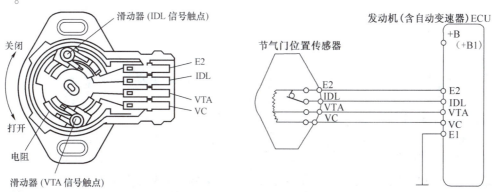

图5-5 节气门位置传感器及线路连接

E1、E2-搭铁端子；IDL-怠速端子；VTA-节气门开度信号端子；VC-基准电压端子

节气门关闭时，怠速开关闭合；节气门开启时，怠速开关断开。节气门处于不同位置时，电位计的电阻值随之变化。节气门的开度变化转变为电阻信号或电压信号输送给电子控制单元，电子控制单元根据该电信号的大小判断节气门的开度大小。

2）节气门位置传感器工作不正常导致的故障

(1) 车辆行驶中出现换挡过早或过晚。

(2) 输出的怠速信号不正常，致使变矩器的锁止离合器无法锁止。

3）节气门位置传感器检修（线性电位计电阻式）

(1) 根据图5-6测试节气门位置传感器各端子的电阻和在点火开关"ON"位置时各端子的电压，将数据填入表5-1。

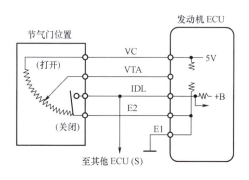

图5-6　节气门位置传感器线路连接

电阻和电压的数值用万用表测量，将数值填写到表5-1。

电 阻 检 测 结 果　　　　　　　　　　　　　　　　　　　　　　　　表5-1

检测端子	节气门状态	测量数值（Ω）点火开关在"OFF"	电压值（V）点火开关在"ON"
VC-E2	任意状态下		
VTA-E2	关闭		
	全开		
IDL-E2	关闭		
	全开		

(2) 查找维修手册，比较测量数值与标准数值是否相符，判断节气门位置传感器_____（有/无）故障。

(3) 传感器端子至电子控制单元之间线束的电阻值测量结果应小于0.5Ω，若大于0.5Ω则需修理或更换配线、连接器或传感器。

4. 根据实训车辆和维修手册，确定待修车辆的车速传感器类型，并对其进行检修。

1）车速传感器安装位置、功能、类型、结构及工作原理

车速传感器将车辆的行驶速度转换成电信号并输入电子控制单元，用于控制换挡和锁止离合器锁止，是换挡和锁止离合器锁止控制的主要信号之一。

车速传感器分为电磁式、霍尔式、光电式和舌簧式，一般光电式或舌簧式车速传感器安装在组合仪表内，电磁式或霍尔式车速传感器安装在变速器输出轴上。

图5-7所示为安装在自动变速器输出轴上的车速传感器，由信号轮和传感器头组成。信号轮安装在自动变速器输出轴上并随其旋转，传感器头则固定在变速器壳体上。

信号电压随自动变速器输出轴转速的变化而变化，实现汽车车速的检测，成为换挡控制的主要依据之一。

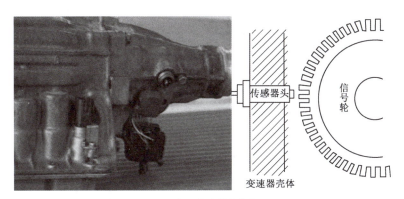

图 5-7 车速传感器安装位置

 小提示

为了保证车速信号的准确性,大部分车辆同时使用上述两种传感器,一个作为主传感器,另一个作为备用传感器。如丰田车系采用两个车速传感器,当一个传感器失效时,电子控制单元会根据另一个传感器提供的信号计算并实现自动换挡控制。

如图 5-8 所示,电磁式车速传感器由永久磁铁、电磁感应线圈和感应转子组成,其中感应转子安装在变速器输出轴上。输出轴转动时,感应转子的凸齿通过靠近或离开车速传感器,改变感应线圈的磁通量,产生交流感应电压。车速越高,输出轴的转速越高,感应电压的脉冲频率越大,电子控制单元可根据感应电压脉冲频率的大小计算出车速。

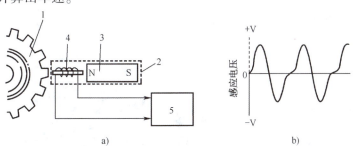

图 5-8 电磁式车速传感器
1-停车锁止齿轮;2-车速传感器;3-永久磁铁;4-感应线圈;5-电子控制单元

2)车速传感器工作不正常导致的故障

(1)自动变速器只能 1 挡行驶,不能升挡。

(2)自动变速器有时能升挡,有时不能升挡,严重时出现频繁跳挡,此类故障一般与车速传感器接触不良或固定不牢有关。

3)车速传感器检修

(1)查找维修手册,确认你所检修的车速传感器是属于哪种类型的传感器_____(舌簧式/光电式/磁电式/霍尔式)_____和安装位置_____(组合仪表内/变速器输出轴上)。

(2)检测与维修(电磁式车速传感器)。

①用万用表测量车速传感器两连接线之间的电阻_____(不同车型的自动变速器的电阻不同,一般在几百欧姆至几千欧姆之间,标准值根据维修手册获得)。

②使用万用表电压挡,用手转动悬空的驱动轮,连接两接线柱,检测脉冲感应电压_____(电压应为 0~5V)。

③若万用表表针有摆动,说明传感器正常,应查找传感器端子至电子控制单元之间的线束和连接端情况;若万用表表针无摆动,说明传感器不正常,应更换传感器。

(3)分析车速传感器的故障原因?

___

5. 换挡控制的主要依据是节气门位置信号和车速信号,除此之外,是否还需要其他辅助信号?油压控制和锁止离合器控制的依据是什么?

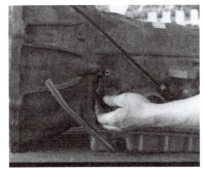

图 5-9　输入轴转速传感器

1)输入轴转速传感器

输入轴转速传感器的结构、工作原理与车速传感器相同。如图 5-9 所示,输入轴转速传感器安装在变速器的输入轴(液力变矩器涡轮输出轴)附近或与输入轴连接的离合器毂附近的壳体上,用于检测输入轴转速,并将信号送入电子控制单元,使电子控制单元能精确控制换挡过程。电子控制单元还将比较该信号和来自发动机控制系统的发动机转速信号,并计算出变矩器的传动比,优化油路压力控制过程和锁止离合器控制过程,以减小换挡冲击,提高汽车的行驶平顺性。

2)自动变速器油温度传感器

(1)安装位置、功能和结构及工作原理。如图 5-10 所示,变速器油温度传感器安装在自动变速器油底壳内的阀板上,用于检测自动变速器液压油的温度,是电子控制单元进行换挡控制、油压控制和锁止离合器控制的依据之一。

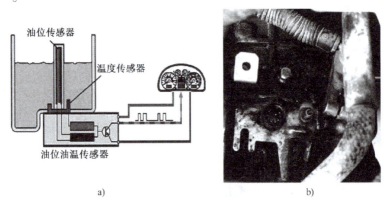

图 5-10　自动变速器油温传感器安装位置
a)变速器油温度传感器安装位置;b)油位/温度指示系统

自动变速器油温度传感器与发动机冷却液温度传感器的结构和工作原理相同,内部是一个具有负温度电阻系数的半导体热敏电阻,温度越高,电阻越低。电子控制单元根据半导体热敏电阻的变化测算出自动变速器的液压油温度。

(2)变速器油温度传感器工作不正常导致的故障。

①自动变速器换挡品质降低。

②变矩器锁止离合器的工作故障。

③无超速挡故障。

小提示

汽车起步或低速大负荷行驶时,液力变矩器转速比小、效率低且发热严重,油温易升高。如变速器油温超过预定的温度界限时,变速器要在较高的发动机转速状况下才能换挡。

(3)油温传感器检修。

①从自动变速器上拆下变速器油温度传感器,将变速器油温度传感器置于有水的烧杯中,进行加热,用万用表测量两端子间电阻:_____(如25℃时为3.5kΩ,100℃时为0.25kΩ)。

②测量传感器端子至电子控制单元之间线束的电阻值,应小于0.5Ω,否则应修理或更换配线、连接器或传感器。

 小词典

传感器是将物理量或化学量转变成为电信号的器件。

 6.除传感器之外,在信号输入装置中,还有哪些信号开关影响自动变速器的工作?若出现换挡杆在除空挡和驻车挡位置之外的其他挡位能起动发动机,属于什么故障?

电子控制装置中的空挡起动开关、模式开关、挡位开关、制动灯开关和超速挡开关等都会对自动变速器的工作产生影响。

 小词典

所谓开关,有"通"和"断"两种状态。有些开关内部只有一组触点,如制动灯开关、超速挡开关;有些开关内部有多组触点,如挡位开关。

1)空挡起动开关

如图5-11所示,空挡起动开关由换挡杆进行控制,安装在变速器壳体的手动阀摇臂轴或操纵手柄上。

图5-11 空挡起动开关

(1)空挡起动开关功能。

①指示选挡操纵手柄位置:选挡操纵手柄的位置可由空挡起动开关将信号传给变速器控制系统。如图5-12所示,空挡起动开关电路内部触点通过多种组合(开和关)将换挡位置P、R、N、D、2和L传给变速

器电子控制单元并控制挡位指示灯工作。

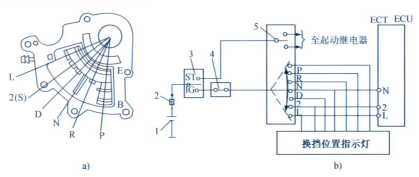

图 5-12　空挡起动开关与电路
a) 空挡起动开关；b) 空挡起动开关电路
1-蓄电池；2-熔断器；3-点火开关；4-熔断丝；5-空挡起动开关

②倒挡信号灯的开启：当换挡杆置于 R 位时，接通倒车灯继电器，倒挡信号灯开启。

③空挡起动：发动机只有当换挡杆在位置 P 或 N 时才能起动。空挡起动开关将换挡杆位置处于 P 或 N 时的信号传给起动继电器，使起动机能工作。同时，在挂前进挡位时中断起动机，即防止起动机在汽车进入行驶状态后啮合。

(2) 空挡起动开关的检查调整。

若出现换挡杆在除空挡和驻车挡位置之外的其他挡位能起动发动机，则要对空挡起动开关进行检查调整。

调整过程提示：根据相应车型维修手册的数据进行调整，一般如图 5-13 所示，先使用控制轴杠杆将手动杠杆轴全拉回再倒回两挡，使其处在空挡，然后常见的有以下两种情况。

①如图 5-14 所示，将自动变速器的挡位开关外壳上的基准线与手动阀摇臂轴上的槽口对齐。

②将手动阀摇臂上的定位孔和挡位开关上的定位孔对准。

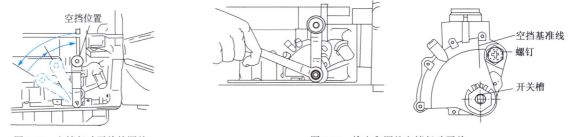

图 5-13　空挡起动开关的调整　　　　图 5-14　检查和调整空挡起动开关

2) 制动灯开关

制动灯开关主要是参与变矩器锁止离合器的控制，当 ECU 接到制动灯输入信号时，将解除锁止离合器的锁止状态，避免制动时发动机熄火。制动灯开关故障能引起换挡杆不能从 P 位拉出的故障。

 小提示

现在大多数汽车不设超速挡开关，但也有些车型设有超速挡开关（O/D 开关），超速挡开关通常安装在自动变速器操纵手柄上 [图 5-15a)]，用于控制自动变速器的超速挡。如果超速挡开关接通（ON），变速器操纵手柄又处于"D"位，则自动变速器随着车速的提高而升挡时，可升到最高挡（即超速挡）；而开关断开时，无论车速怎样高，自动变速器最多只能升至次高挡。

在驾驶室仪表板上,有"O/D OFF"指示灯显示超速挡开关的状态。当超速挡开关在 ON 位置时,"O/D OFF"指示灯熄灭,而当超速挡开关在 OFF 位置时,"O/D OFF"指示灯随之亮起。其电路连接如图 5-15b)所示。

当 O/D OFF 指示灯亮时,不能进行 O/D 挡行驶,当 O/D OFF 指示灯不亮时,才能进入 O/D 挡行驶。超速挡开关故障能引起自动变速器无超速挡。

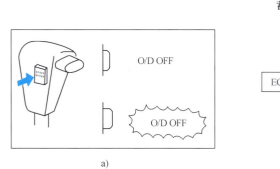
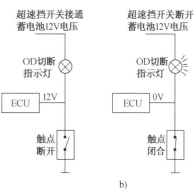

图 5-15 超速挡开关
a)超速挡开关;b)超速挡电路连接

学习拓展

请根据维修手册,在教师的指导下完成自动变速器的基本检查。

大部分电子控制自动变速器都有模式选择开关(图 5-16),用来选择自动变速器的控制模块,以满足不同的使用要求,常见的自动变速器控制模式有以下几种,各模式开关连接电路如图 5-17 所示。

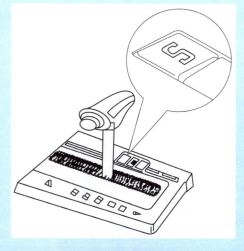
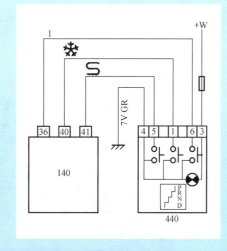

图 5-16 模式选择开关　　　　图 5-17 模式选择开关电路

1. 经济模式

这种控制模式是以汽车获得最佳的燃油经济性为目标来设计换挡规律的。当自动变速器在经济模式状态下工作时,其换挡规律应能使发动机在汽车行驶过程中经常在经济转速范围内运转,从而提高了燃油经济性。

2. 动力模式

这种控制模式是以汽车获得最大的动力性为目标来设计换挡规律的。在这种控制模式下,自动变速器的换挡规律能使发动机在汽车行驶过程中经常在大功率范围内运转,从而提高了汽车的动力性能和爬坡能力。

3. 雪地模式

雪地模式是电子控制单元控制变速器用2挡起步,防止车轮打滑,适用于低附着系数路面。

小提示

除上述几种工作模式选择外,有些电子控制自动变速器还具有如下3种功能。

换挡品质学习程序:电子控制单元具有自适应性控制功能,可以根据驾驶人的驾驶习惯确定合适的换挡点。

备用换挡程序(失效保护)模式:当电子控制系统某个传感器信号不正常时,电子控制单元借助其他传感器信号实现自动换挡,而不必参照所有的信号。

故障运行模式:当自动变速器发生故障时会设置故障码,自动变速器不能换挡,只能在某个挡位或几个固定挡位下行驶,允许驾驶人驾车到修理厂进行维修。

7. 当ECU收到各种传感器或信号开关的信号之后,又将发出指令给哪些执行元件以实现其换挡控制等功能?

自动变速器电子控制系统的执行器是指各种电磁阀。

1) 电磁阀安装位置、功能及结构原理

电磁阀是电子控制单元控制执行元件,安装在阀体上。如图5-18所示,不同功能的电磁阀包括换挡电磁阀、油压控制电磁阀和变矩器锁止控制阀;如图5-19所示,不同控制形式的电磁阀包括开关式电磁阀和脉冲式电磁阀。

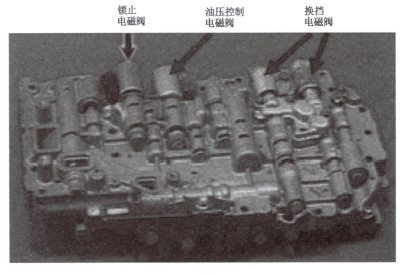

图5-18 不同功能电磁阀

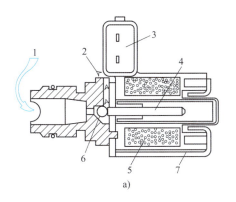
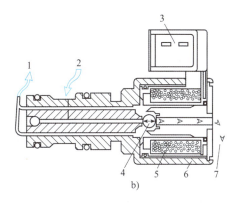

1—液压油入口;2—泄压口;3—接线插座;
4—铁芯;5—线圈;6—限流钢球;7—骨架

1—变速器油出口;2—变速器油入口;3—接线插座;
4—限流钢球;5—线圈;6—骨架;7—泄压口

图 5-19　不同控制形式电磁阀
a) 开关式电磁阀；b) 脉冲式电磁阀

 小词典

开关式电磁阀的作用是开启或关闭液压油路，通常用于控制换挡阀及液力变矩器锁止阀。脉冲式电磁阀的工作电压是一个频率固定的脉冲电信号，电磁阀在脉冲信号作用下不断反复开启和关闭泄油孔，脉冲式电磁阀通常用在油压控制电磁阀上。

(1) 开关式电磁阀。

如图 5-19a) 所示，开关式电磁阀的作用是开启和关闭变速器油路，由电磁线圈、磁铁、阀芯和复位弹簧等组成，可用于控制换挡阀及液力变矩器的锁止离合器锁止阀。线圈不通电时，阀芯被油压推开，打开泄油孔，油路压力为 0；线圈通电时，电磁力使阀芯左移，关闭泄油孔，油路压力上升。

(2) 脉冲式电磁阀。

如图 5-19b) 所示，脉冲式电磁阀的作用是控制油路中油压的大小。控制信号是频率固定的脉冲电信号，电磁阀在脉冲电信号的作用下不断反复地开启和关闭泄油孔，ECU 通过改变每个脉冲周期内电流接通和断开的时间比例，即所谓占空比[在一个脉冲周期内，通电时间为 A，断电时间为 B，占空比 = $A/(A+B) \times 100\%$]来改变电磁阀开启和关闭的时间比例，达到控制油路油压的目的。占空比越大，油路压力越低；反之，占空比越小，油路压力就越高。

脉冲式电磁阀一般安装在主油路或减振器背压油路中，在变速器自动升挡及降挡瞬间，或在锁止离合器锁止及解除锁止动作开始时使油压下降，以减少换挡和锁止、解锁冲击，使车辆行驶更平稳。

很多自动变速器有 4 个前进挡，由两个换挡电磁阀组合成 4 种状态控制挡位油路，实现 4 个挡位传递，如日产风度 A33 AT 的 4 个前进挡（表 5-2）。

日产风度 A33AT 的前进挡　　　　表 5-2

挡位	1	2	3	4
换挡电磁阀 1	ON(关闭)	OFF(打开)	OFF(打开)	ON(关闭)
换挡电磁阀 2	ON(关闭)	ON(关闭)	OFF(打开)	OFF(打开)

2) 电磁阀工作不正常可能引起的故障

(1) 换挡电磁阀工作不正常导致的故障。

①不能升挡或不能降挡。
②换挡点不正确。
③缺挡。
(2)油压控制电磁阀工作不正常导致故障。
①系统油压过高,引起换挡冲击。
②系统油压过低,引起自动变速器打滑。
(3)变矩器锁止电磁阀工作不正常导致的故障。
①变矩器没有离合器的作用。
②变矩器离合器锁止后不能释放。
3)结合实际待修车辆对换挡电磁阀进行检修
(1)根据挡位控制情况,当换挡电磁阀工作时,电磁阀两端电压值应为_____V,当换挡电磁阀不工作时,其电压应为_____V。
(2)将点火开关转至OFF位置,断开发动机舱内的端口线束端子,查找电磁阀接线端口与搭铁之间的电阻应为_____Ω。
(3)在电磁阀端子加12V电压,应能听到电磁阀工作的咔嗒声音。
(4)未通电时,在电磁阀的控制通道施加490kPa的压缩空气,应无泄漏现象;电磁阀通电时,应有空气漏出。
(5)检查供电电路和线束连接端子是否松动。
4)液力变矩器锁止电磁阀的检修
液力变矩器锁止电磁阀的检测维修方法与换挡电磁阀基本一致,请自行检测液力变矩器锁止电磁阀。
5)油压控制电磁阀检修
(1)将点火开关转至OFF位置,测量油压控制电磁阀端子之间的电阻为_____Ω(一般为3~5Ω)。
(2)拆下电磁阀,在线圈两端接上可调电源。逐渐增大电压,电磁阀阀芯应向外移动,减小电压时,阀芯应向内移动,否则,说明电磁阀损坏。
(3)检查供电电路和线束连接端子是否松动。

8. 自动变速器ECU主要有哪些控制功能？请参阅维修手册,规范检测电子控制单元。

ECU的功能是进行数据采集和存储、数据分析和计算、指令控制、故障检测(自我诊断系统)及和其他系统控制单元进行通信,是自动变速器控制系统的中枢。
1)ECU的主要控制功能
(1)控制换挡时刻。
换挡时刻的控制是ECU最重要的控制内容之一。如图5-20所示,汽车在每一特定行驶工况,都有一个与之对应的最佳换挡时刻,ECU可以让自动变速器在任何行驶条件下都按最佳换挡时刻进行换挡,从而使汽车的动力性和经济性等指标综合起来达到最佳。
(2)控制主油路油压。
电液式控制系统中的主油路油压是由主油路调压电磁阀调节的。主油路油压应随发动机负荷增大而增高,以满足传递大功率时对离合器、制动器等执行元件液压缸工作压力的要求。除正常的主油路压力控制之外,ECU还可以根据各个传感器测得的自动变速器工作条件,在一些特殊情况下,对主油路油压作适当的修正,使油路压力控制获得最佳效果。例如,ECU可以根据液压油温度传感器的信号,在变速器油温度未达到正常工作温度时(低于60℃),将主油路油压调至低于正常值,如图5-21a)所示,以防止因油温低黏度较大而产生换挡冲击;当变速器油温过低时(低于-30℃),ECU使主油路压力升至最大值,如图5-21b)所示,以加速离合器、制动器的接合,防止温度过低时因变速器油黏度过大而使换挡过程过于平缓。

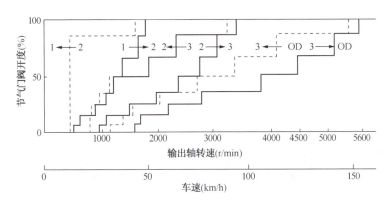

图 5-20 选挡手柄在"D"位时的换挡规律

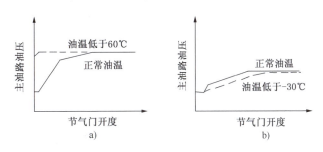

图 5-21 主油路压力修正曲线
a)油温低修正;b)过低修正图

(3)控制锁止离合器。

电子控制自动变速器中液力变矩器的锁止离合器的工作也是由ECU控制的,ECU按照设定的控制程序,通过锁止电磁阀来控制锁止离合器的接合或分离。

(4)自动模式选择控制。

ECU通过各个传感器测得汽车行驶状况和驾驶人的操作方式,经过运算分析,自动选择经济模式、动力模式或普通模式进行换挡控制,以满足不同的行驶要求。

(5)自诊断与失效保护功能。

为了及时发现电子控制装置中的故障,并在出现故障时尽可能地使自动变速器保持最基本的工作能力,以维持汽车行驶,便于汽车进厂维修,ECU具有故障自诊断和失效保护功能。在汽车行驶过程中不停地检测自动变速器电子控制装置中所有传感器和电动执行器的工作情况,一旦发现故障,ECU便启用失效保护功能。

 小词典

各种车型的自动变速器形式不尽相同,有些车型的发动机和变速器分别由发动机控制单元(ECU)和自动变速器控制单元(ECU)单独控制。而在另一些车型上,发动机和变速器的控制单元集成在一起,称为动力控制模块(PCM)。

小提示

如图 5-22 所示,自动变速器和发动机由同一个电子控制单元来控制,使自动变速器的工作能更好地与发动机的工作相匹配,大部分丰田汽车都是采用这种控制方式。

图 5-22　发动机和 ECT　ECU

2)电子控制单元的规范检测

结合实际维修车辆/台架,具体操作步骤如下:

(1)不同车型的发动机或自动变速器的电子控制单元安装位置是不同的,有些安装在副驾驶室仪表板下面,有些安装在发动机舱内,或在空气滤清器壳体下面,有些安装在驾驶人的座椅下面等。

(2)根据维修手册,查找所维修车辆的电子控制单元(ECT)安装在_____,_____(是/否)与发动机电子控制单元一体,电子控制单元的标签码为_____。

(3)电子控制单元(ECT、ECU、PCM 或电脑)的检查。

①查看 ECU 的端子连接图,查找 ECU 的电源端子编号为_____,搭铁端子编号为_____。

②如图 5-23 所示,查阅维修手册,请画出 ECU 端子图,并测量点火开关在 ON 位置时,保持 ECU 线束的连接状态,使用万用表测量 ECU 电源端子、各换挡电磁阀、油压控制电磁阀、变矩器锁止电磁阀、怠速触点和点火(IG)等触点与搭铁端的电压。

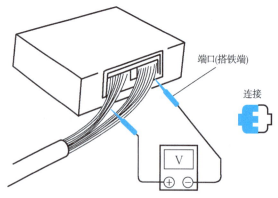

图 5-23　测量 ECU 电源电压

ECU 端子图:

端子电压测量记录：

③上述端子的测量数值与维修手册提供的数据是否有偏差，如有异常，根据供电电路图，检查如下相关元件或线路。

熔断丝是否烧断：_____；
点火开关与 ECU 端口电源或搭铁主线束之间的线束短路还是开路：_____；
点火开关端子电压是否正常：_____；
蓄电池到点火开关的线束连接情况：_____；
主继电器是否正常：_____。

④检查 ECU 搭铁电路
将点火开关转到 OFF 的位置；
断开 ECU 线束插头；
检查 ECU 搭铁端子与搭铁之间的线束是否导通：_____；
如果正常，检查线束是否与搭铁短路和与电源短路：_____。

 小提示

（1）一般汽车 ECU 不容易出现故障，ECU 故障通常是由于外界环境或操作不当引起的，主要原因有：进水、过热或振动等环境因素；电路内的短路引起的电流超载；在拆装过程中的不规范操作，如安装 ECU 时未断开蓄电池电源等。

（2）汽车 ECU 比较昂贵，很多配件商家规定"售出的电子器件不能退货"。因此在购买 ECU 时一定要确定原 ECU 已损坏并必须更换后才能去订货。

 小提示

车辆在行驶中，与驾驶平顺性、动力性相关的故障很多是由电子控制系统故障造成的，在检测维修电子控制自动变速器故障之前，应首先对自动变速器电子控制系统进行就车检测诊断。

9. 如何利用解码器或示波器等专用工具检测自动变速器电子控制系统故障？

1）基本工具的准备

检测电子控制自动变速器电子控制系统的基本工具有汽车万用表、汽车专用示波器和手持式故障诊断仪（解码器）。

小词典

手持式故障诊断仪又称解码器和扫描仪等，主要用于直接与 ECU 联系，显示出存储在 ECU 中的故障码，并能将故障码从 ECU 中清除。此外，手持式故障诊断仪还能作为电压表、示波器来显示各传感器、执行器的信息数据。

汽车万用表和汽车专用示波器是汽车维修中经常使用的工具,作为维修人员必须要熟练掌握它们的使用和操作方法。为提高维修效率和维修质量,还需要进一步掌握自动变速器的其他一些专用诊断仪器。

2)列举常见解码器

3)Tran2000故障诊断仪的使用

如图5-24所示,Tran2000故障诊断仪是一种手持式电子控制自动变速器故障诊断仪,能检测多种电子控制自动变速器。

(1)主要功能:

① 可模拟控制电脑的信号控制电磁阀(多达8个以上);

② 可读取相关的数据和参数,方便数据的对照;

③ 能测试脉冲式的油压控制电磁阀和检测油压;

④ 可监控和替代电脑的指令、换挡顺序、变矩器锁止操作和油压控制。

(2)如图5-25所示,查阅Tran2000故障诊断仪使用说明书,叙述Tran2000故障诊断仪与车辆的连接过程。

图5-24 Tran2000故障诊断仪　　　　　　图5-25 Tran2000故障诊断仪与车辆的连接

10. 如何利用现有的解码器读取/清除故障码和读取数据流?

(1)你使用的是哪种解码器?请参阅操作说明书,在教师指导下进行操作,并叙述该解码器的操作方法和有关注意事项。

目前新的车型是采用专用故障诊断仪或解码器读取故障码和数据流。通常诊断仪配有多种车型的诊断接头和诊断卡,具体使用请参考仪器的操作说明和车型维修数据。

(2)请问除了用仪器(解码器)可以清除故障码之外,还有什么方法可以进行对故障码清除?

小词典

故障码:自动变速器ECU将符合故障码设置条件的故障以代码的形式存储下来,并点亮故障指示灯,维修人员可以通过检测仪器读取故障码,为判断故障原因和故障点提供了方便。

 小提示

故障码的读取方法如下。

(1)人工读取故障码:使用跨接线,短接诊断接头的端子,通过仪表上故障指示灯不同频率的闪烁(闪烁时间长短和次数)来读取故障码。

一般1995年以前的车型支持跨接线触发故障指示灯的方法,其中有的车型将触发故障指示灯的跨接线做成专用的工具,如本田车系用的跨接线,作为专用的工具,接触良好并且操作安全。

(2)采用专用故障诊断仪或解码器读取故障码和数据流,现在多用这种方法。

 11.如何识读自动变速器控制电路图?

在就车检查电子控制系统时,无论是电子控制元件故障还是线束故障,都离不开参考和分析电路图,学会阅读和分析电路图非常重要。但各厂家生产的自动变速器不同,其电路图的编辑和阅读方法也不同,因此在检测不同自动变速器时,必须熟练掌握相应电路图的阅读方法。

请查找维修手册,阅读并分析丰田花冠、上汽通用别克及大众帕萨特相关车型自动变速器的电路图,掌握分析电路图的方法。

三、评价与反馈

 12.小组成员间相互设置自动变速器电子控制系统某一元件的故障,各小组成员根据维修资料,分别制订工作计划,并组内实施讨论。

1.使用(维修)案例分析

利用你所学习的知识,分析一辆自动变速器轿车"跳挡"故障。

1)故障现象

一辆自动变速器轿车以前进挡行驶时,即使加速踏板保持不动,自动变速器仍经常出现突然降挡现象,降挡后发动机转速异常升高,并产生换挡冲击和仪表板上的故障指示灯点亮。

2)分析故障可能的原因

　　□齿轮传动机构故障;
　　□液压控制系统故障;
　　□电子控制系统故障;
　　□离合器和制动器故障;
　　□液力变矩器故障。

3)故障诊断与排除方案

(1)进行故障自诊断:选择合适的故障检测仪(_____),读取故障码为_____。

(2)查阅故障码的含义,根据故障码含义分析故障原因:

(3)制订初步故障诊断与排除计划:

(4)选择合适的工具、仪器和材料:

(5)实施故障排除,并记录故障排除过程:

(6)进行故障排除后,应清除故障码。
方法:
(7)如何进一步确定故障是否已被排除?

2. 学习自测题
(1)自动变速器中常用电磁阀的主要作用是控制(　　)。
　　A. 换挡　　　　　　　B. 调压　　　　　　　C. 锁止　　　　　　　D. 以上三项都对
(2)A340E 自动变速器采用(　　)个电磁阀来控制所有四个前进挡的运作。
　　A. 1　　　　　　　　B. 2　　　　　　　　C. 3　　　　　　　　D. 4
(3)自动变速器电子控制系统自动换挡(升挡/降挡)控制的主要依据是(　　)。
　　A. 车速信号　　　　　　　　　　　　　　B. 冷却液温度信号
　　C. 节气门位置信号　　　　　　　　　　　D. 车速和节气门位置信号
(4)自动变速器变速杆在(　　)位时能正常起动发动机。
　　A. P　　　　　　　　B. N　　　　　　　　C. P/N　　　　　　　D. R
(5)自动变速器油温度传感器用于检测自动变速器的液压油的温度,以作为电子控制单元进行(　　)控制的依据。
　　A. 换挡　　　　　　　　　　　　　　　　B. 油压
　　C. 锁止离合器　　　　　　　　　　　　　D. 换挡、油压、锁止离合器

3. 维修信息获取练习
通过维修手册或者网络查阅以下问题。
(1)车载自诊断系统(OBD)的发展。

(2) OBD-Ⅱ诊断故障码以5位字母和数字格式显示,字母和数字分别表示不同的意义,请查阅资料,领会丰田车系故障码表达的含义。

例如 P0711 含义:

4. 学习目标达成度的自我检查(表5-3)

自 我 检 查 表 表5-3

序号	学习目标	达成情况(在相应的选项后打"√")		
		能	不能	如果不能,是什么原因
1	叙述ECT电子控制系统组成			
2	叙述ECT主要传感器和信号开关的作用和安装位置			
3	叙述ECT电磁阀作用、位置及工作原理			
4	空挡起动开关的检查与调整			
5	正确使用解码器检修ECT电子控制系统			
6	识读相应车型电路图			
7	对ECT综合故障分析诊断			

5. 日常表现性评价(由小组长或者组内成员评价)

(1) 工作页填写情况。(　　)

　　A. 填写完整　　　B. 缺失0~20%　　　C. 缺失20%~40%　　　D. 缺失40%以上

(2) 工作着装是否规范?(　　)

　　A. 穿着校服(工作服),佩戴胸卡　　　B. 校服或胸卡缺失一项

　　C. 偶尔会既不穿校服又不戴胸卡　　　D. 始终未穿校服、佩戴胸卡

(3) 能否主动参与工作现场的清洁和整理工作?(　　)

　　A. 积极主动参与5S工作

　　B. 在组长的要求下能参与5S工作

　　C. 在组长的要求下能参与5S工作,但效果差

　　D. 不愿意参与5S工作

(4) 安全意识方面。(　　)

　　A. 非常好　　　B. 比较好　　　C. 有待加强　　　D. 急需加强

(5) 是否达到全勤?(　　)

　　A. 全勤　　　　　　　　　　B. 缺勤0~20%(有请假)

　　C. 缺勤0~20%(旷课)　　　D. 缺勤20%以上

(6) 总体印象评价。(　　)

　　A. 非常优秀　　　B. 比较优秀　　　C. 有待改进　　　D. 急需改进

(7) 其他建议:

小组长签名:_____　　　　_____年_____月_____日

6. 教师总体评价

(1) 对该同学所在小组整体印象评价。(　　)

　　A. 组长负责,组内学习气氛好

　　B. 组长能组织组员按要求完成学习任务,个别组员不能达成学习目标

　　C. 组内有30%以上的学员不能达成学习目标

　　D. 组内大部分学员不能达成学习目标

(2) 对该同学整体印象评价：_____

_____

_____。

教师签名：_____　　　　　_____年_____月_____日

参 考 文 献

[1] 吴玉基.汽车自动变速器构造与维修[M]北京:人民交通出版社,2002.
[2] 左成基,杨明钦.汽车变速器实务[M]北京:人民交通出版社,2005.
[3] 嵇伟.自动变速器故障诊断与检测[M]北京:机械工业出版社,2003.
[4] 全国汽车维修专项技能认证技术支持中心.自动变速器[M]北京:教育科学出版社,2003.
[5] 曹利民.国产轿车自动变速器维修手册[M]北京:金盾出版社,2005.
[6] 付百学.上海大众帕萨特轿车维修手册[M]北京:机械工业出版社,2002.
[7] 杜愎刚,吴社强.汽车自动变速器维修技术问答[M]北京:金盾出版社,2003.
[8] 鞠峰.汽车自动变速器维修[M]北京:中国电力出版社,2006.
[9] 鲁植雄.汽车自动变速器故障诊断图解[M]南京:江苏科学技术出版社,2001.
[10] 汤姆森学习公司.手动和自动变速器修理训练[M]北京:机械出版社,2005.
[11] 曹利民,耿勤武.汽车自动变速器维修精华[M]北京:机械工业出版社,2006.
[12] 黄林彬.亚洲车自动变速器维修精华[M]北京:人民交通出版社,2004.
[13] 徐寅生,汪立亮,赵晓钟.现代汽车自动变速器原理与检修[M] 北京:电子工业出版社,2000.
[14] 张泰岭,陆华忠,罗锡文.汽车自动变速器原理与检修[M]广州:广东科技出版社,1999.
[15] 栾琪文.自动变速器实用维修图集[M]沈阳:辽宁科学技术出版社,2002.
[16] 过学迅.汽车自动变速器[M]北京:机械工业出版社,2001.
[17] 张月相,赵英君.日韩汽车自动变速器检修[M]哈尔滨:黑龙江科学技术出版社,2005.
[18] 李全,肖文光.汽车自动变速器维修图解[M]广州:广东科技出版社,1998.
[19] 林平.新型汽车自动变速器结构、原理、检修[M]福州:福建科学技术出版社,1998.
[20] 冯永亮.汽车电控底盘检修(上册)[M].北京:中国劳动社会保障出版社,2006.
[21] 孙伟东.新款汽车自动变速器检测与维修专辑[M].北京:机械工业出版社,2009.
[22] 屠卫星.自动变速器维修[M].北京:高等教育出版社,2007.
[23] Fischer Richard.汽车技术知识学习工作页[M].刘希恭,译.北京:机械工业出版社,2010.
[24] 周志伟.汽车自动变速器构造与维修[M].北京:人民交通出版社,2011.
[25] 朱迅,李晓.汽车自动变速器构造与维修[M].北京:机械工业出版社,2015.
[26] 王健.汽车自动变速器维修[M].北京:人民交通出版社股份有限公司,2017.